QUOTIENT RÉSILIENCE

Au cœur d'un leadership pleinement humain

Éditions Favre SA
Siège social : 29, rue de Bourg - CH-1002 Lausanne
Tél. : (+41) 021 312 17 17 - Fax : (+41) 021 320 50 59
lausanne@editionsfavre.com

www.editionsfavre.com

Groupe Libella, Paris

Dépôt légal en Suisse en octobre 2021.

Illustrations : Sophie Conchon

Mise en pages et graphisme : Dynamic 19

ISBN : 978-2-8289-1949-8

Les Éditions Favre bénéficient d'un soutien structurel de l'Office fédéral de la culture pour les années 2021-2024.

Alexia Michiels

QUOTIENT RÉSILIENCE

Au cœur d'un leadership pleinement humain

FAVRE

À nos enfants

SOMMAIRE

AVANT-PROPOS

En 2017, je publiais mon premier livre *L'élan de la résilience* guidée par l'enthousiasme de partager des stratégies simples, des habitudes de résilience, dont l'efficacité est démontrée par la Science. Il me semblait utile de porter un regard scientifique sur des pratiques de bon sens, bien souvent oubliées dans l'agitation du quotidien. Il me tenait à cœur aussi de proposer une perspective préventive de la résilience, autour de l'opportunité de mobiliser pleinement l'ensemble de nos ressources - le corps, le cœur, le mental et l'esprit.

Les 100 clés pratiques suggérées dans ce premier livre sont essentiellement des leviers de la résilience personnelle.

Mon propos aujourd'hui est complémentaire et ma motivation est différente. Bien évidemment, le contexte global récent et la pandémie de la Covid-19 ont mis en lumière le concept de résilience, sur les plans personnel, organisationnel et sociétal. Les activités du Resilience Institute, dont je suis la cofondatrice en Europe, ont bénéficié de cette prise de conscience - presque soudaine - au sein des organisations. Le sujet de la résilience n'était plus anodin mais devenait prioritaire. Il était vital de conscientiser les collaborateurs et d'équiper les managers pour les aider à « faire face », et assurer la continuité des opérations.

Il m'est apparu de façon de plus en plus évidente que le rôle du leader - chef d'équipe, directeur ou manager (nous reviendrons plus tard sur ces appellations) - est crucial et déterminant dans la capacité de résilience collective de son équipe. Or, les compétences requises pour guider une équipe avec courage, avec bienveillance et avec succès dans le monde actuel ne sont pas toutes au rendez-vous. Les programmes de formation scolaire, postscolaire, universitaire et au sein des organisations intègrent rarement ces compétences d'un autre ordre, que j'appellerai les « compétences de résilience ».

L'envie a grandi d'écrire à ce sujet et de proposer, avec humilité, un regard différent sur la façon de guider une équipe. Ce livre est le fruit de vingt ans d'expérience professionnelle, dont douze ans au Resilience Institute où j'accompagne des équipes et des leaders dans leur rôle managérial. J'observe avec joie et confiance une attention croissante à ces compétences de résilience. J'ai souhaité ici insister davantage sur la dimension interpersonnelle, qui nous rappelle l'influence des comportements du leader sur ses collaborateurs.

Cet ouvrage s'adresse à toute personne qui a la responsabilité d'une équipe - petite, moyenne ou grande. Par simplicité et pour rester neutre au sujet du genre féminin ou masculin, j'utilise souvent le terme « manager » ou « leader » qui identifie autant un homme qu'une femme. Pour faciliter la lecture, j'ai décidé de ne pas utiliser l'écriture inclusive mais d'utiliser la forme masculine ; il va de soi que lorsqu'on parle de leader ou manager, cela s'applique autant au féminin qu'au masculin.

Que vous dirigiez un chantier, un salon de coiffure, un cabinet d'avocat, une boutique, un restaurant, une école, une multinationale ou des personnes en cours d'apprentissage, si vous avez des employés ou des stagiaires à votre charge, ce livre vous concerne.

J'espère que vous y puiserez quelques éléments de réflexion et surtout, des pistes d'action pour renforcer votre impact et avoir une influence positive sur vos collaborateurs.

PRÉFACE
du Dr Ilham Kadri
Directrice générale et Présidente du Comité exécutif de Solvay

Nous vivons une véritable transformation de la fonction managériale. Le monde qui nous entoure évolue rapidement. Global, incertain, volatile, rapide, agile, bien-être ou encore burn-out ou bore-out : ces mots font désormais partie du vocabulaire quotidien du chef d'entreprise.

On voit ainsi apparaître de nouvelles cultures d'entreprise, de nouveaux codes, de nouvelles raisons d'être, de nouvelles organisations du travail, de nouvelles priorités, comme le bien-être des salariés, introduits par des leaders qui gèrent le changement et dirigent leurs équipes de manière différente.

Le concept de résilience, décrit avec brio dans ce livre, est la clé qui permet à tout leader de relever ces nouveaux défis, de garder les pieds sur terre, de rester soi-même et d'être plus performant sur le long terme. Finalement, les leaders résilients évoluent avec leur temps, mais ils ont un sens aigu de leur propre personne, de leur relation aux autres, de leur environnement et de la question du sens, comme le décrit Alexia Michiels.

En d'autres termes, les styles de leadership d'hier ne permettent pas de relever les défis d'aujourd'hui. Les leaders d'aujourd'hui doivent être résilients. Ils doivent faire preuve d'empathie. Ils doivent diriger avec le cœur autant qu'avec la tête.

Je suis convaincue de l'importance d'être pleinement soi-même au travail - "Bring your whole self to work". Selon moi, ce principe est intimement lié à la définition du leader authentique d'Alexia Michiels. Bien sûr, le livre met en lumière d'autres types de leadership, mais je me retrouve personnellement davantage dans la définition du leadership authentique, où l'honnêteté, l'authenticité, la sincérité et l'humilité prévalent. À mon sens, pour diriger avec son cœur et son intelligence, il faut être pleinement soi-même au travail, jour après jour. Ce n'est pas une tâche facile. Il faut faire tomber les barrières émotionnelles et oser se montrer vulnérable, empathique, imparfait et authentique. La vulnérabilité est une force, pas une faiblesse !

Cet état d'esprit n'est pas antinomique du professionnalisme, de la performance ou du succès. Bien au contraire, si vous êtes vous-même au travail, vous donnerez le meilleur de vous-même. Chez Solvay, nous avons fait de ce principe le fondement de notre politique de diversité, d'équité et d'inclusion. Par exemple, lorsque j'allume mon ordinateur le matin, je suis plus qu'une dirigeante : je suis toujours une mère. Je suis née et j'ai grandi au Maroc. J'ai des convictions fortes. Tout cela fait partie de moi et joue un rôle important dans ma façon de diriger.

Je veux que les leaders d'aujourd'hui chez Solvay soient le fer de lance d'une culture dans laquelle chacun se sent libre d'être soi-même, de s'exprimer et de libérer tout son potentiel. Faire en sorte que chaque collaborateur se sente valorisé et respecté pour ce qu'il est crée un environnement plus satisfaisant et durable. Nous voulons remettre la dignité humaine au centre de tout ce que nous faisons. Je crois en effet que les entreprises qui font de la dignité humaine une priorité sont celles qui durent le plus longtemps.

Le livre d'Alexia Michiels souligne également l'importance de trouver sa raison d'être personnelle pour renforcer sa propre résilience et celle de son entreprise. Cela me tient particulièrement à cœur. Lorsque j'ai pris mes fonctions de CEO en 2019, j'ai engagé un vaste chantier impliquant l'ensemble de nos collaborateurs pour définir la raison d'être de Solvay. Si vous demandez à quelqu'un « pourquoi » il fait son travail, il finira le plus souvent par vous expliquer le « quoi » et le « comment » plutôt que le « pourquoi ». Après avoir écouté nos salariés pendant neuf mois, nous avons dévoilé notre nouvelle vision - *Une valeur durable et partagée par tous* - et notre raison d'être - *Unir les personnes, les idées et les éléments pour réinventer le progrès*. Au-delà de nos impératifs financiers, notre raison d'être exprime le pourquoi de notre existence en tant qu'entreprise, c'est notre Étoile polaire. Notre vision représente notre conception du monde lorsque nous vivrons pleinement notre raison d'être.

Enfin, ce livre met en avant la nécessité de prendre des décisions commerciales ambitieuses tout en continuant à prendre soin des personnes. C'est l'addition de l'un ET de l'autre qui est importante. Nous devons être convaincus que nous pouvons diriger une entreprise en conciliant ces deux concepts opposés en apparence : nous pouvons être inspirés par notre passé ET engagés dans notre futur ; nous pouvons être humbles ET audacieux ; rentables ET durables ; guidés par la science ET intrinsèquement humains ; attentifs aux personnes ET audacieux.

Ce type de leadership résilient est particulièrement crucial pour relever les défis les plus urgents auxquels nous sommes confrontés, tels que l'urgence climatique, la détérioration de l'environnement, la rareté des ressources, les inégalités sociales, la croissance démographique, les bouleversements politiques, comme le souligne Alexia. Grâce à un leadership fort, centré sur l'humain, nous pouvons libérer tout le potentiel de nos équipes pour développer des innovations qui réduiront nos émissions de gaz à effet de serre, créeront des solutions dans une logique d'économie circulaire, permettront une meilleure qualité de vie pour tous et seront rentables.

En tant que dirigeants d'aujourd'hui, nous avons l'immense responsabilité d'inspirer la prochaine génération de leaders et d'être à la hauteur de leurs attentes. C'est à nous de favoriser l'émergence de meilleurs dirigeants pour demain et, par-là, d'un monde meilleur. Ce livre offre une excellente source d'inspiration pour nos dirigeants, pour les aider à comprendre comment ils peuvent mettre leur raison d'être au service de causes supérieures.

INTRODUCTION

Puisqu'elle est au cœur de ce livre et ponctue la plupart des chapitres, la notion de « résilience » mérite d'être explorée et clarifiée. Le mot anglais *resilience* est issu du latin *resilire*, rebondir, rejaillir.

Le dictionnaire Larousse nous fournit plusieurs définitions qui permettent d'alimenter notre réflexion. En physique, la résilience est la capacité d'un matériau à retrouver sa forme initiale après un choc. Le célèbre psychiatre et auteur Boris Cyrulnik nous rappelle que le mot résilience est utilisé au départ en géologie : des agriculteurs définissent un sol résilient lorsqu'après une inondation ou un incendie, la vie reprend mais pas comme avant. C'est une transformation adaptative ; à partir d'une « catastrophe », on est obligé de changer de direction. Quelle jolie métaphore ! En psychologie, il s'agit de la capacité d'un individu à résister psychiquement aux épreuves de la vie, à rebondir, à se reconstruire. En informatique, c'est la capacité d'un système à continuer à fonctionner, malgré une panne. En écologie, la résilience définit la capacité d'un écosystème, d'un biotope ou d'un groupe d'individus à se rétablir après une perturbation extérieure. Au Resilience Institute, nous définissions la résilience comme un ensemble de compétences permettant de rebondir, de grandir à travers les défis, d'avoir un impact positif au-delà de soi et de se réaliser. Tout un programme ! Vaste, certes, mais réjouissant !

La résilience vous invite à mobiliser pleinement l'ensemble de vos ressources - corps, cœur, mental et esprit - pour naviguer à travers les hauts et les bas de la vie avec plus de confiance, plus de joie et de succès.

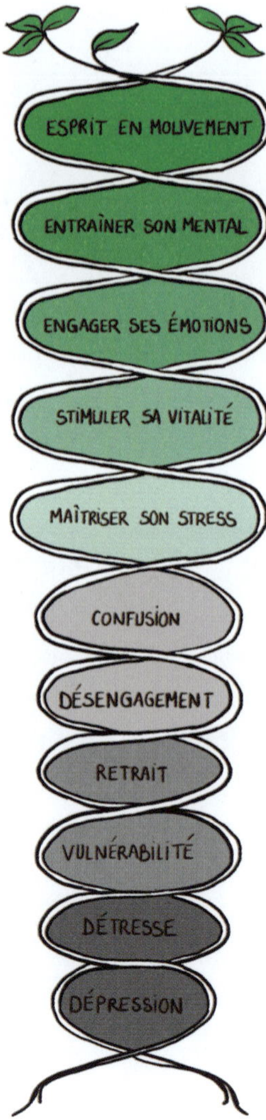

La spirale de la résilience vous invite à prendre conscience de votre état, ou l'état de votre équipe, pour choisir la meilleure réponse à apporter à une situation. La spirale négative fait partie de la vie ; il est illusoire de prétendre l'éviter à tout prix. En revanche, être alerte et capable de ne pas rester bloqué dans un état négatif est à votre portée. De la même façon, être au top à tout moment et vouloir le bonheur à tout prix et tout le temps est soit naïf, soit arrogant.

Être résilient c'est se connaître, reconnaître que tout état (et d'ailleurs, la vie elle-même !) est temporaire (non permanent) et mettre en place ce qui permet de passer plus de temps dans la spirale positive – plus épanouissante.

Tout cela est vrai pour une équipe ou toute une organisation. Je prends l'hypothèse que le leader d'une équipe, par ses comportements et ses attitudes, influence grandement les comportements et attitudes qui dominent au sein de son équipe. C'est ce que j'ai observé dans un très grand nombre de cas. C'est la raison pour laquelle ce livre s'adresse à vous, leaders, dont l'impact sur une équipe dépasse bien souvent ce que vous imaginez.

L'évolution récente du monde a fait apparaître plus clairement la notion d'interdépendance que l'on ne peut plus nier. Interdépendance entre l'Homme et la nature, entre les pays, entre les secteurs économiques, politiques, scientifiques et sociaux. Guider une équipe avec bienveillance, avec résilience, implique de tenir compte de cette interdépendance. Cela suggère de considérer l'ensemble des parties prenantes d'un projet pour mieux le conduire. Tâche plus complexe que d'agir dans l'ignorance, mais mission ô combien plus satisfaisante !

Après un premier chapitre sur le contexte actuel, les chapitres suivants de ce livre sont conçus comme des étapes de réflexion : la relation à soi, la relation aux autres, la relation à l'environnement et enfin, la question du sens. Ce cheminement me semble pertinent et nécessaire. Chaque étape compte pour mieux embrasser la suivante.

À travers les chapitres, des « pauses réflexion » viendront ponctuer votre lecture. Compte tenu du rythme souvent effréné de journées chargées, ces moments tendent à être trop peu nombreux ou carrément inexistants. Nous avons tendance à être davantage dans la réaction que dans la réponse. Ce n'est pas à la hauteur des enjeux du monde actuel. Créer du temps pour la réflexion est une véritable discipline à cultiver pour prendre de meilleures décisions.

Enfin, vous trouverez un *Menu pratique* pour traduire ces idées dans l'action. Vous y découvrirez une série de suggestions pour renforcer votre *Quotient résilience* et cultiver un leadership pleinement humain.

CHAPITRE I

NAVIGUER DANS L'INCERTITUDE

« Comprendre, ce n'est pas tout comprendre, c'est aussi reconnaître qu'il y a de l'incompréhensible. »

Edgar Morin

Le monde d'aujourd'hui – moins de clarté, plus de conscience

L'évolution récente du monde a bouleversé les certitudes de ceux qui ont toujours cru que la science et l'Homme étaient plus forts que la nature. Voilà un appel à l'humilité – vertu s'étant très probablement raréfiée durant ces cent dernières années marquées, entre autres, par la multiplication des progrès scientifiques, le bien-être matériel, l'accélération des rythmes de production, l'expansion des villes et la désertification des campagnes. Sans nier les progrès de la civilisation moderne – entre autres dans le domaine de la santé, on constate une déconnexion croissante entre l'activité humaine et les cycles de la nature.

La responsabilité managériale et les compétences requises doivent évoluer. Le contexte de la pandémie Covid-19 aura mis en évidence nos capacités de résilience extraordinaires ! Dans l'épreuve, un très grand nombre de personnes et d'organisations ont mobilisé des ressources sous-estimées et activé une résilience remarquable dans des temps records.

Dans le monde professionnel, le télétravail s'est généralisé à une vitesse sans précédent et de très nombreuses organisations ont réussi à mettre en place des systèmes assurant la continuité de leurs activités malgré les contraintes liées au (semi)-confinement. Les leaders ont fait preuve d'une adaptabilité formidable pour guider leurs équipes à distance, maintenir le contact « sans contact » et poursuivre leurs objectifs. Ces « performances » ont un coût humain indéniable : les frontières floues entre lieu de vie et environnement de travail tendent à générer plus de travail et, pour certains, une grande difficulté à déconnecter. La santé mentale est à risque et personne n'est invincible. En tant que leader, vous ne pouvez ignorer cette situation ; même si de nombreux facteurs extraprofessionnels entrent en jeu, il est aussi de votre responsabilité de créer un environnement de travail - éventuellement virtuel - qui soutienne la résilience et la santé mentale de vos collaborateurs.

L'inconnu et les doutes font éclore des prises de conscience salutaires.

Le contexte mondial reste volatil, incertain, complexe et ambigu (décrit par l'acronyme « VUCA » en anglais - *« volatile, uncertain, complex and ambiguous »*).

La confrontation à l'inconnu et l'imprévisible tend à raviver une forme d'humilité. J'ose affirmer que la pandémie Covid-19 a mis en lumière les incohérences d'un système non durable et la nécessité d'accélérer une transformation de nos modes de vie et nos modes de travail.

Les différentes théories sur la résilience distinguent la résilience de *type 1*, qui consiste à mobiliser les énergies nécessaires pour retrouver un état d'équilibre antérieur au choc, et la résilience de *type 2* qui consiste à engager un processus de transformation invitant la personne, l'organisation ou la société à «grandir» à travers l'épreuve. C'est évidemment cette perspective que je vous invite à considérer. Si la résilience peut être innée (certaines personnes sont génétiquement plus résilientes que d'autres), il est certain qu'un grand nombre de compétences de résilience sont acquises ; elles dépendent de l'environnement et de l'apprentissage.

Sans attendre, il me semble nécessaire de cultiver nos compétences de résilience, d'apporter des réponses réflexives pour repenser la façon de vivre, la façon de travailler et la façon de guider une équipe. Au-delà du pur rationnel, il nous faut solliciter des compétences peu utilisées jusqu'ici, endormies ou tout simplement sous-estimées dans le monde professionnel. Dans un contexte global qui va rester très incertain, ces compétences seront, je pense, des marqueurs de succès.

Sans rejeter les bonnes pratiques antérieures, il convient de repositionner les priorités, d'insister sur l'importance des relations et de poursuivre la quête de sens qu'aiguisent les périodes de turbulences.

Profitons des crises pour infléchir le système, se poser de bonnes questions et faire des choix plus conscients au sujet des impacts de nos comportements et décisions, au-delà de notre propre personne. Individuellement, par nos actions, nous pouvons contribuer à construire le monde de demain.

Et le manager dans tout ça ?

Si vous lisez ce livre, c'est probablement que vous avez la responsabilité d'une équipe. Que cela soit une petite équipe ou toute une organisation, vous êtes un manager, un chef, un leader.

Chef, manager, leader... en fait de quoi parle-t-on ?

Chacun a probablement une compréhension intuitive de ce que signifie le leadership. La perception de ce terme a énormément évolué ces cent dernières années, au gré des modes, des idéologies et de la transformation de la société et des milieux professionnels.

Le mot leader est d'origine anglaise et désigne un chef. Le dictionnaire Larousse définit le leader comme « une personne qui, à l'intérieur d'un groupe, prend la plupart des initiatives, mène les autres membres du groupe, détient le commandement ».

Les premières définitions du leadership mettent l'accent sur le contrôle, la centralisation du pouvoir, l'autorité et une ligne directrice axée sur les rapports de domination. C'est une perspective du leadership très verticale et hiérarchique.

Le leader est « celui qui sait » - l'expert - qui va diriger le groupe.

Petit à petit, le concept d'influence du leader émerge ; le leadership est alors défini comme le comportement d'un individu - le leader -, qui influence d'autres individus ou un groupe vers la poursuite d'objectifs communs.

Ces vingt dernières années, de nouvelles tendances proposent des approches du leadership diverses qui mettent en avant certains traits du leader.

Par exemple :

Le leadership authentique, qui valorise l'authenticité et la sincérité du leader comme celles de ses collaborateurs.

Le leadership serviteur, qui voit le leader comme étant au service de ses collaborateurs, les aidant à devenir plus autonomes et compétents.

Le leadership spirituel, qui met en avant les valeurs personnelles et les valeurs d'appartenance à un groupe.

Ces différents courants soulignent l'importance des compétences émotionnelles, longtemps considérées comme étant

sans importance dans le contexte professionnel. De nombreuses organisations reconnaissent que l'intelligence émotionnelle est l'une des compétences clés de ceux qui réalisent de hautes performances. Daniel Goleman, expert mondial de l'intelligence émotionnelle, suggère que, chez les leaders, 85% des compétences qui expliquent les plus hautes performances relèvent de l'intelligence émotionnelle - le reste étant relatif aux compétences techniques[1].

Guider une équipe, avec sa tête, son cœur et plus encore

Comprendre, définir et mesurer l'intelligence humaine ont été depuis plus de cent ans les sujets de diverses recherches. Au début du XXe siècle, le Français Alfred Binet (1857-1911) a développé un premier test d'intelligence visant à distinguer les enfants avec des difficultés d'apprentissage. Son test supposait que l'intelligence évolue avec l'âge mais reste relativement stable en comparaison avec un groupe de pairs du même âge.

D'abord le QI - Quotient intellectuel

La notion de QI s'est développée au fil des ans. C'est un psychologue allemand, William Stern (1871-1938), qui a formulé la définition du QI en 1912. Il a développé l'idée d'exprimer les résultats de tests d'intelligence sous la forme d'un nombre, le « quotient intellectuel ». Ce nombre établit un rapport entre un « âge mental » estimé et un « âge contemporain » actuel.

1 D. GOLEMAN, *Working with emotional intelligence*, Bantam, 2000.

Par exemple, si une fille de 10 ans a la capacité intellectuelle d'une fille de 12 ans, son QI est de 120 (12/10) :

100 x âge mental / âge chronologique

Cette équation n'a de sens que pour les enfants. On estime qu'environ 50% de la population a un QI moyen (soit 90 à 110). Environ 13% de la population se situe entre 110 et 139 et 1,5% des habitants de la Terre ont le QI d'un génie.

Plus tard, Lewis Madison Terman (1877-1956), professeur à l'Université de Stanford, et David Wechsler (1896-1981) ont fait évoluer le test Binet pour mesurer l'intelligence d'un adulte. Ces tests mesurent un ensemble de capacités cognitives - le vocabulaire, les aptitudes en mathématique, la mémoire à court terme, la mémoire à long terme, la perception spatiale et les capacités de raisonnement.

Les tests de QI ont de nombreux détracteurs qui estiment que l'intelligence devient ce qu'on décide de mesurer. Le psychologue américain Edwin Boring (1886-1968) a d'ailleurs dit : « L'intelligence est ce que les tests testent ».

L'une des questions fondamentales est de comprendre la part d'intelligence liée aux gênes, l'inné, et celle qui est liée à l'expérience et l'enseignement, l'acquis. En termes anglais, on parle de *« nature »* versus *« nurture »*. Il est plus que probable qu'un environnement favorable à des périodes clés de développement a un impact profond sur notre intelligence. Certaines études montrent même que l'alimentation peut améliorer les performances cognitives ! Bien que de nombreuses questions persistent sur la construction de l'intelligence humaine, les recherches ont progressé pour faire évoluer ce concept au-delà des compétences cognitives.

Ensuite le QE - Quotient émotionnel

Le terme « intelligence émotionnelle » est apparu dans les années 60, utilisé dans des publications spécialisées en psychologie. En 1983, le psychologue américain Howard Gardner (1943-) jette un pavé dans la mare en publiant le livre *Frames of Mind: the Theory of Multiple Intelligence*. Il suggère que le QI ne permet pas d'expliquer complètement les capacités cognitives d'un enfant. Il introduit le concept des « intelligences multiples » - sept types d'intelligence qu'il complète en 1993 avec un huitième type d'intelligence (naturaliste). Le livre a été traduit en français sous le titre *Les formes de l'intelligence* (Odile Jacob).

La première évocation du terme « quotient émotionnel » - QE - pour une audience large paraît dans un article publié par Keith Beasley en 1987 dans un magazine anglais[2]. Il y définit le QE comme la capacité à « ressentir » et le QI comme la capacité à « penser ». **En d'autres termes, le QE serait au cœur ce que le QI est au cerveau.**

C'est finalement dans les années 90 que ce terme « intelligence émotionnelle » se répand grâce à la publication du livre de Daniel Goleman (1946-) *L'intelligence émotionnelle* en 1995. Comme Howard Gardner, il y affirme que le QI d'une personne, négligeant une part essentielle du comportement humain - les émotions -, n'est pas suffisant pour définir son intelligence et encore moins pour anticiper son succès. Pour Daniel Goleman, l'intelligence émotionnelle englobe la conscience de soi, la gestion de soi, la conscience sociale et la gestion des relations. Goleman suggère que c'est un meilleur prédicteur de succès et de réussite que le QI.

---

2 K. BEASLEY, "The emotional quotient", *Mensa Magazine* p. 25 (1987).

À ce jour, les tests de QI sont encore pourtant largement utilisés comme métrique d'intelligence. Toutefois, l'importance de l'IE est aujourd'hui reconnue, y compris dans le contexte professionnel. Reconnaître les émotions et les comprendre, réguler ses propres émotions et gérer celles des autres sont des compétences indispensables pour guider une équipe.

En 2018, des chercheurs de l'Université de Genève et de celle de Berne ont mis au point un test de l'intelligence émotionnelle dans le contexte professionnel - le Geneva Emotional Competence Test[3]. Ce test vise à évaluer et prédire les aptitudes de l'employé et ses capacités de leadership dans ses relations interpersonnelles. Ce test - en constante évolution - espère valider scientifiquement son aspect prédictif des capacités d'une personne dans sa carrière professionnelle.

L'intégration de l'engagement émotionnel dans la définition de l'intelligence ouvre la voie vers l'inclusion de l'ensemble des ressources de l'être humain pour définir les compétences du leader.

Et enfin le QR - Quotient résilience !

Au fur et à mesure des recherches en neurosciences, en psychologie ou en biologie, notre compréhension de l'être humain s'est affinée. En parallèle, le contexte professionnel complexe et changeant exige un ensemble de compétences qui étaient moins nécessaires il y a cinquante ans.

Face au degré d'incertitude actuel et tenant compte des multiples enjeux du monde, aucun leader ne peut prétendre avoir les réponses à tout. C'est un appel à l'humilité - l'humilité de

---

3 Université de Genève, Swiss Center for Affective Sciences, https://www.unige.ch/cisa/emotional-competence/home/research-tools/geco/

connaître ses limites, de ne pas se prétendre invincible, d'accepter les doutes, de dévoiler sa vulnérabilité.

Guider une équipe aujourd'hui requiert des compétences profondément humaines, intrapersonnelles, interpersonnelles et « au-delà » du personnel. Il s'agit de rebondir rapidement face aux obstacles, de grandir en équipe à travers les défis, de permettre à chacun de se réaliser et d'avoir un impact positif, au-delà de soi.

Ce que nous définissons comme compétences de résilience - sous la dénomination QR « Quotient résilience » - commence par la conscience de son écosystème.

L'écosystème du leader, en soi et au-delà de soi

L'étymologie donne souvent un éclairage plus juste que n'importe quelle définition élaborée. Le mot écosystème vient de deux termes grecs : *oikos* qui signifie « maison », et *systêma* qui signifie « assemblage, composition, organisation ». Écosystème signifie donc « organisation de la maison ». On est bien au cœur de notre sujet !

Il s'agit de comprendre le système formé par un environnement (biotope) et par l'ensemble des espèces (biocénose) qui y vivent. Appliqué à soi, ce terme suggère de comprendre et gérer notre propre système avec l'ensemble des ressources qui le composent : le corps, le cœur, le mental et l'esprit.

Au sein d'une famille ou d'une organisation, nous devenons nous-mêmes part d'un système dont les acteurs sont reliés par un maillage fort leur permettant d'agir efficacement.

En prenant un peu de hauteur - au propre comme au figuré - il semble évident que l'univers est un écosystème dans lequel les sociétés, les organisations, les êtres humains sont liés par l'appartenance à cette « maison » commune et donc interdépendants.

En quoi cela influence-t-il la gestion d'une équipe ? Très simplement car la prise de conscience de ce concept d'écosystème et d'interdépendance de ses composantes change (ou devrait changer) fondamentalement la prise de décisions des leaders.

En étant conscient des interactions entre les ressources qui constituent ma propre personne, je fais des choix plus conscients et suis en mesure de mieux me gérer.

La prise en compte de la « systémique » dans une organisation m'amène à apporter un soin très particulier à la qualité des relations que je tisse au sein de mon équipe.

Et enfin, appréhender l'être humain et toute organisation en tant que composant du système « univers » invite à prendre ses responsabilités en tenant compte de l'influence de nos décisions sur nous-mêmes, sur les autres mais aussi sur l'environnement. Ignorer cette interdépendance, c'est ignorer ce qui nous relie les uns aux autres, et nous tous à l'environnement.

Inspirée par ce concept d'écosystème, j'ai choisi de répartir dans les prochains chapitres les compétences qui me semblent essentielles pour gérer une équipe avec conscience et succès.

Prêt ? C'est parti pour une exploration de ces compétences profondément humaines que nous appelons les compétences de résilience, vous invitant à guider votre équipe... autrement.

CHAPITRE II

LA RELATION À SOI

« Connais-toi toi-même et tu connaîtras l'univers et les dieux. »

Socrate

Bien se connaître, le travail d'une vie

La philosophie de Socrate rayonne encore aujourd'hui. Cette invitation à l'introspection suggère que chacun dispose en soi du savoir, de la connaissance. C'est la théorie platonicienne de la *réminiscence*, qui consiste à apprendre à se souvenir. Comment y parvenir ? En se questionnant, en réfléchissant. C'est ce que Socrate appelle la *maïeutique*, le dialogue entre l'âme et soi-même ou entre un élève et son maître. C'est un effort de conscience.

C'est à la fois un point de départ et le travail d'une vie entière. Bien se connaître est une démarche qui donne de la saveur à la vie et de la substance à l'être humain. La deuxième partie de la citation - souvent omise - suggère que la connaissance de soi est le chemin à emprunter pour mieux comprendre le monde (et l'au-delà !).

Guider une équipe en faisant fi de cette démarche personnelle est voué à l'échec.

Cela semble une évidence et pourtant j'ai rencontré dans ma vie professionnelle de très nombreux dirigeants complètement déconnectés de leur propre personne et exerçant, avec conviction et parfois (ou souvent) peu d'humilité, leurs responsabilités managériales. L'empathie - une compétence clé sur laquelle nous reviendrons dans le chapitre 3 - repose sur la connaissance de soi. Bien se connaître pour mieux comprendre les autres.

La connaissance de soi dépasse largement la compréhension de notre personnalité et la perception de nos forces et faiblesses. Cela inclut aussi la conscience des dimensions qui nous composent : physique, émotionnelle, mentale et spirituelle. Sans être médecin, je suis fascinée par la biologie de l'être humain - notre physiologie - qui explique finalement « presque tout ». Il y a bien évidemment une part de mystère que j'accepte et qui laisse ouverts d'immenses champs de réflexion.

Dans le quotidien, bien se connaître vous invite à détecter l'état dans lequel vous êtes - en ce moment. La recherche[4] suggère que la connaissance de soi est déterminante pour la maîtrise de soi. Cette prise de conscience est rarement automatique ; elle découle d'une sorte d'« arrêt sur image ».

Cette démarche personnelle débouche sur une vision de soi plus juste, plus complète, plus holistique - une sorte de grille de lecture qui peut dès lors s'appliquer également à l'extérieur de soi, dans l'environnement professionnel et au-delà. Cette approche systémique est plus complexe et requiert un

4 R.E. BOYATZIS, M. BURCKLE, "Psychometric properties of the ECI", Hay/McBer Group Boston (1999).

certain nombre de compétences dont certaines sont développées dans ce chapitre.

Portez votre attention vers le moment présent pour vous poser ces quelques questions :

- Comment est mon corps aujourd'hui ? Suis-je en forme, reposé, plein d'énergie ou tendu, fatigué et ressentant des symptômes physiques de détresse (maux de dos, migraine, mal au ventre ou autre) ?
- Quelles émotions se présentent en ce moment ? Est-ce que je ressens du calme, de la joie, de la confiance ou plutôt de l'agitation, de la frustration ou de la colère ? Les émotions sont multiples - tentez d'identifier celle(s) que vous ressentez avec le plus de précision possible.
- Quelles pensées occupent ou préoccupent mon mental ? Est-ce que ces pensées me servent ou me desservent ? Est-ce qu'elles soutiennent mon attention vers le moment présent ou est-ce qu'elles m'en éloignent ?
- Quelle est mon intention aujourd'hui ? Sur quoi est-ce que je souhaite porter mon attention ? Quelle attitude est-ce que je souhaite tout au long de la journée ?

Les 7 piliers de la résilience personnelle

L'approche de la résilience que nous préconisons au sein du Resilience Institute est intégrale, basée sur des évidences scientifiques et pratique. La perspective intégrale suggère de mobiliser l'ensemble des ressources qui nous constituent : le corps, le cœur, le mental et l'esprit. C'est une vision holistique de l'être humain bien éloignée du cartésianisme qui domine nos sociétés occidentales depuis plusieurs siècles.

Le philosophe René Descartes (1596-1650) fait de la pensée l'attribut principal de l'Homme. À la lumière des connaissances scientifiques d'aujourd'hui, réduire l'Homme à la dimension cognitive revient à le priver d'un potentiel immense.

Connaître, reconnaître et comprendre les interactions entre notre énergie, nos émotions et nos pensées ouvre un champ de développement fascinant et est un premier pas pour cultiver notre résilience personnelle.

Traduire ces connaissances dans des pratiques simples a été l'objet de mon premier livre *L'élan de la résilience* (Favre, 2017). Je choisis dès lors ici de rappeler, de façon synthétique, les piliers de la résilience. Ceux-ci reposent sur le postulat que nous pouvons faire des choix conscients. Cette capacité est d'ailleurs ce qui nous distingue des animaux qui, on peut le croire, vivent de façon instinctive et réactive.

Nous ne pouvons choisir ce qui nous arrive, mais nous avons la liberté de choisir la réponse à ce qui nous arrive.

Quelle formidable prise de conscience !

La connaissance de soi est véritablement le premier pilier de la résilience. Tel que décrit plus haut, c'est une démarche de chaque jour.

Une prise de conscience qui vous invite à régulièrement reconnaître votre état, celui de vos collaborateurs, celui de votre équipe. Celui ou celle qui porte des œillères et refuse son propre état aura de la peine à comprendre les difficultés éventuelles que traverse son équipe.

Lorsque vous vous sentez en difficulté - dans la spirale négative -, il convient de mettre en place des comportements gagnants. Des pratiques qui permettent de rebondir plus vite, plus haut. **C'est le deuxième pilier de la résilience, celle qui permet de rebondir face aux épreuves et d'en sortir grandi** (cf. *résilience de type 2* - décrite dans le chapitre 1).

Voici quelques comportements gagnants que je vous invite à considérer :

Les autres piliers de la résilience personnelle sont comme un voyage vertueux qui crée les conditions favorisant la réalisation de soi.

Le troisième pilier consiste à créer du calme et à se régénérer, avec diligence et intelligence. Pour que la pression (ou communément appelé le stress) reste positive, vous devez apprendre à maîtriser le calme tactique et considérer la relaxation comme une véritable compétence. Le quatrième pilier relève de la vitalité physique et ses différents leviers. J'insisterai davantage sur ces deux piliers dans les pages suivantes.

Engager ses émotions est le cinquième pilier de la résilience personnelle. Les émotions sont des états physiologiques qui nous traversent à tout moment de la journée. Que cela vous plaise ou non, elles vous influencent vous et votre équipe. Au-delà de l'humeur ou de l'atmosphère qui règne dans un groupe, les émotions ont une signature qui touche aussi la dimension cognitive, la capacité à collaborer, à être créatif et à être concentré. La psychologie positive souligne les nombreux bienfaits des émotions positives ; nous reviendrons, dans le chapitre 3, à ce que cela engendre pour un leader.

Entraîner le mental est le sixième pilier de la résilience personnelle. À mon sens, le plus difficile à assurer. Stimulé par un flux incessant d'informations, notre mental est en suractivité. Cela se traduit pour certains par une forme d'hypervigilance cérébrale qui nuit à la qualité du sommeil. Les stimuli que nous absorbons du matin au soir nous exposent à un risque d'« infobésité ». Du côté des bonnes nouvelles, les recherches en neurosciences ont confirmé la neuroplasticité - capacité du cerveau à sans cesse créer de nouvelles connexions neuronales. Cela ouvre des possibilités de développement extraordinaires, y compris dans le cadre de votre rôle managérial. Nous en effleurerons certaines dans le prochain chapitre.

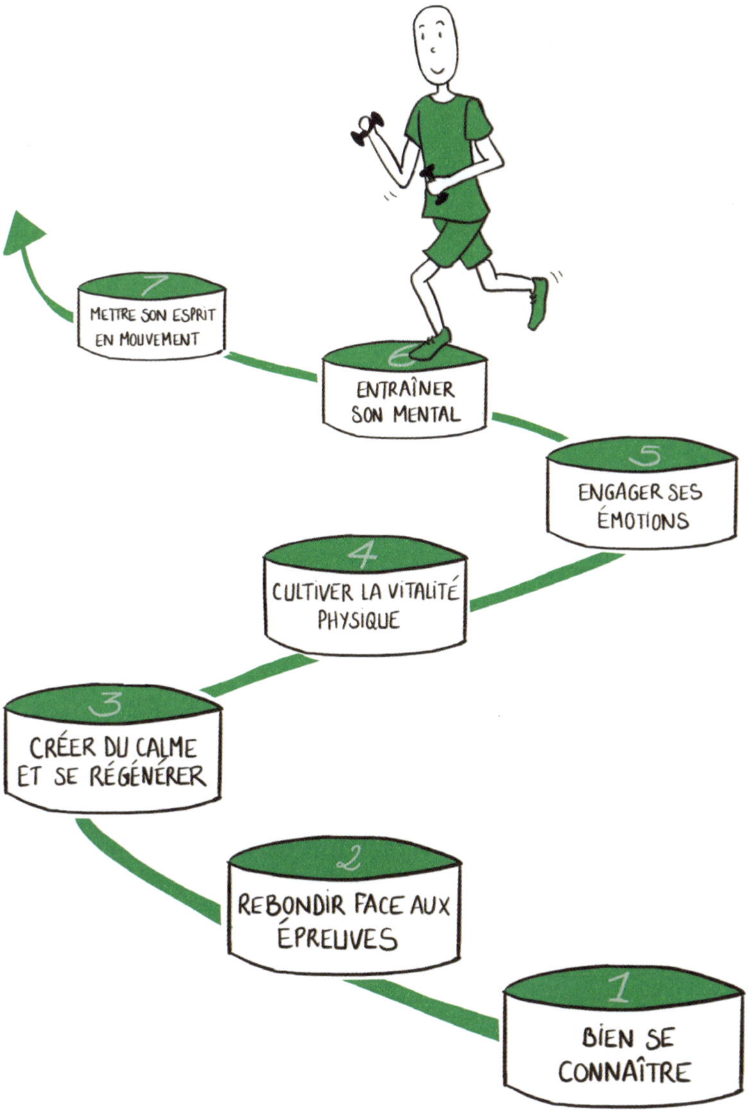
7
METTRE SON ESPRIT EN MOUVEMENT
6
ENTRAÎNER SON MENTAL
5
ENGAGER SES ÉMOTIONS
4
CULTIVER LA VITALITÉ PHYSIQUE
3
CRÉER DU CALME ET SE RÉGÉNÉRER
2
REBONDIR FACE AUX ÉPREUVES
1
BIEN SE CONNAÎTRE

Le septième pilier touche la dimension spirituelle - non pas au sens religieux du terme, mais bien pour ce qui concerne l'éthique, les valeurs, le sens que vous donnez à vos choix.

Mon expérience personnelle et l'observation faite dans les organisations me laissent penser que traduire cette dimension spirituelle dans des comportements cohérents n'est pas chose aisée. Cela l'est davantage lorsque je suis reposée, en forme, plutôt positive et concentrée. Dans le cadre d'un groupe - une entreprise, une école ou un hôpital - comment attirer l'attention sur le sens ou les valeurs si les équipes sont épuisées ? Comment espérer des opérations calmes et organisées quand la plupart des collaborateurs sont agités ? Comment exiger des comportements éthiques dans un contexte de confusion ou de désengagement ? Mettre l'esprit en mouvement est finalement la résultante de l'attention portée aux six piliers précédents. C'est pourquoi la relation à l'environnement et la question du sens seront abordées dans les deux derniers chapitres (4 et 5). Telles des poupées russes s'emboîtant les unes dans les autres, il m'a semblé évident qu'il fallait avant tout prendre soin de la relation à soi pour prendre soin de la relation aux autres. La relation à l'environnement passe par la relation à l'autre, en intégrant l'écosystème dans lequel nous évoluons. Le questionnement par rapport au sens peut alors se manifester de la façon la plus constructive. Pour que cette démarche soit pérenne, il nous faut avant tout rester calme et en forme. En bref, sécuriser le camp de base.

Sécuriser le camp de base – Calme et vitalité

Terminologie souvent utilisée par les montagnards, le camp de base est l'endroit à partir duquel une expédition se prépare pour une performance, un défi. L'atteindre n'est pas anodin et requiert déjà des capacités spécifiques. À titre d'exemple, le camp de base de l'Everest (côté népalais) se trouve à 5364 mètres d'altitude. Il faut 51 heures de marche (environ 14 jours de randonnée) pour y parvenir.

Le camp de base de votre résilience, c'est faire face au stress, à la pression du quotidien, avec calme, et maintenir un bon niveau d'énergie physique. À partir du moment où vous êtes calme et reposé, la probabilité de réguler vos émotions de façon constructive, de garder un mental clair et d'agir selon vos valeurs est bien plus élevée. Lorsque vous êtes agité et épuisé, comment rester positif, concentré et guidé par vos valeurs ?

La pression n'est-elle pas bénéfique pour « performer » ? Absolument !

Cette corrélation entre pression et performance est établie depuis bien longtemps et connue comme la loi de Yerkes-Dodson. Les psychologues américains Robert M. Yerkes (1876-1956) et John Dillingham Dodson (1879-1955) ont développé ce modèle en 1908 indiquant que la performance augmente avec la pression mentale et physiologique, mais seulement jusqu'à un certain point.

Si vous n'étiez soumis à aucune pression, aucune échéance, cela mènerait à une forme d'ennui, une perte d'énergie. Yerkes

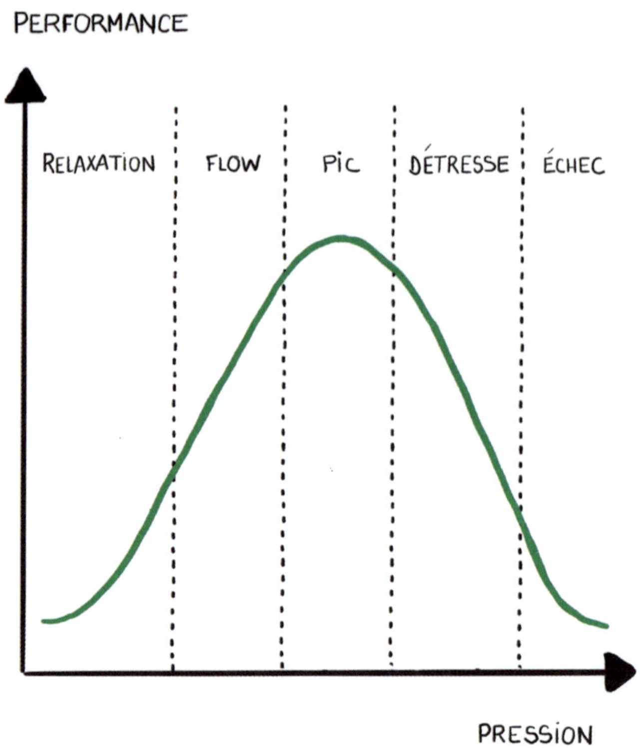

et Dodson suggèrent que vivre sans aucune pression mène à l'entropie (perte d'énergie), voire au chaos.

Lorsqu'il n'y a que très peu de pression, la performance est faible ; vous êtes dans un état de *relaxation*. Lorsque la pression augmente, votre physiologie opère les ajustements nécessaires pour y faire face avec succès ; votre mental est concentré et votre créativité est aiguisée. Vous êtes dans un état de *flow* ou stress positif.

Lorsque la pression augmente encore, vous vous adaptez et le niveau de performance est à son *pic*. C'est un scénario que vous rencontrez probablement souvent lorsque vous avez de nombreux projets, plusieurs réunions à préparer et des échéances qui se rapprochent. Le stress ressenti augmente mais vous parvenez à mobiliser les ressources nécessaires pour délivrer les résultats. C'est un état que l'on souhaite maintenir.

Cela devient plus difficile quand la pression ne cesse d'augmenter... Votre mental dit « oui, ok, je prends ce projet en plus » mais votre physiologie est en pleine tension ; c'est la limite entre le pic de performance et la détresse physiologique qui va, rapidement ou subrepticement, enclencher un déclin de performance. Plus d'effort ne va qu'empirer la situation. Vous ressentez la ***détresse*** qui épuise votre corps, votre mental et votre esprit. Ce n'est pas tenable. Si vous n'agissez pas rapidement pour rebondir, votre performance est en ***échec***.

L'analogie avec les athlètes de haut niveau est utile. Leur ambition est de réaliser des performances au top en compétition. Pour y arriver, malgré la pression immense liée aux enjeux, ils savent bien qu'il est indispensable de prévoir dans leur plan d'entraînement des phases de régénération, des moments de récupération. Ces sportifs sont coachés pour réussir à créer du calme - même en plein match !

Observer les champions de tennis est instructif à cet égard : au moment de changer de côté, le joueur est assis sur le banc pendant 2-3 minutes. Ce temps est utilisé pour se régénérer rapidement et efficacement. Certains - comme Nadal - appliquent des rituels qui, tel le réflexe de Pavlov - les mettent dans un état de calme quasi instantané. La prochaine fois que vous serez devant votre téléviseur en train de suivre un match de Nadal, vous noterez qu'assis sur le banc, il passe environ 30 secondes pour descendre et remonter ses chaussettes ! Il applique ce même rituel parfois aussi entre les points.

D'autres athlètes pratiquent discrètement un exercice de centrage ou de respiration pour calmer leur physiologie et être, la minute suivante, au top de leurs capacités et prêts à performer au plus haut niveau. Nous appelons cela le calme tactique. Grâce à leur entraînement non seulement physique mais aussi mental, les meilleurs athlètes sont capables de faire évoluer cette courbe vers le haut et vers la droite.

C'est exactement ce que les pratiques de résilience permettent aussi : relever les défis avec succès sans subir les effets destructeurs du stress négatif.

La relaxation est une véritable compétence que vous pouvez développer. Créer du calme et se régénérer rapidement est, à mon avis, instrumental dans votre capacité à faire face à la pression du quotidien et à relever avec succès les défis qui se présentent. Tel que partagé par Peter Brabeck-Letmathe, ancien CEO de Nestlé, dans son livre *Ascensions*[5], les périodes de doute et d'insécurité peuvent surgir en une seconde ; dans ces instants extrêmes, il faut garder son calme, conserver une tête claire et avant tout avoir confiance en ses propres capacités. Votre calme est contagieux ; si vous parvenez à diffuser

---

5 P. BRABECK-LETMATHE, *Ascensions*, Favre, 2020.

du calme au sein de votre équipe, vos collaborateurs seront eux aussi plus enclins à rester calmes et, ainsi, à réaliser des performances pérennes.

Portez votre attention vers le moment présent pour vous poser ces quelques questions :

- Dans quelle zone est-ce que je passe la plupart de mon temps durant la semaine de travail : relaxation / flow / pic / détresse ou échec ?
- Quels rituels ou pratiques me permettent de me régénérer rapidement et efficacement ?
- Quelle est ma technique de relaxation favorite ?
- Que puis-je faire au sein de mon équipe pour créer du calme ?

Votre camp de base repose sur votre capacité à rester calme, oui, mais avec énergie !

Démarrer une journée en étant fatigué, voire épuisé, est non seulement une expérience pénible pour soi mais aussi la promesse de comportements inappropriés, d'une inadéquation entre vos aspirations et vos actions.

Un leader fatigué n'est pas un bon leader !

Votre niveau d'énergie influence non seulement votre vitalité générale mais aussi les émotions ressenties, les pensées dominantes et dès lors vos comportements. Lorsque vous êtes épuisé, vous n'êtes pas la meilleure version de vous-même. Vos proches, vos collègues, vos collaborateurs en feront les frais.

Gérer votre niveau d'énergie est une véritable compétence

Il y a bien évidemment des sources d'énergie de différente nature comme les relations énergisantes, la lumière naturelle, la joie des objectifs atteints, etc. Je souhaite insister ici sur trois sources d'énergie - à votre portée et, plus ou moins, sous votre contrôle. L'exercice physique et l'alimentation sont bien évidemment deux sources d'énergie essentielle ; les recherches à ce sujet sont nombreuses et soulignent aussi leur impact, au-delà de la vitalité, sur la dimension émotionnelle et cognitive. Le sommeil est un sujet fascinant à propos duquel les découvertes scientifiques - notamment en neurosciences - dévoilent des bienfaits multiples et multidimensionnels ! En résumé, comprenez qu'un bon sommeil aura un impact positif sur chacun de vos organes et chacune de vos fonctions biologiques ; à l'inverse, un manque de sommeil influence négativement chacun de vos organes et chacune de vos fonctions biologiques.[6]

Bouger plus, manger mieux ! Voilà un slogan bien connu souvent utilisé dans les campagnes publiques de promotion de la santé. Rien de neuf... si ce n'est que l'on sait aujourd'hui tout le bien du mouvement physique sur la santé mentale, et l'influence de certains aliments sur notre cerveau.

La Fédération pour la recherche sur le cerveau (FRC) indique sans détour que faire de l'exercice régulier favorise le bon fonctionnement du cerveau[7]. Le mouvement physique améliore l'humeur, soutient la santé mentale, diminue l'apparition de troubles cognitifs et stimule les connexions neuronales.

---

6 M. WALKER, *Pourquoi nous dormons*, La Découverte (2018).

7 FRC (Fédération pour la recherche sur le cerveau), https://www.frcneurodon.org/comprendre-le-cerveau/a-la-decouverte-du-cerveau/les-activites-physiques

L'exercice augmente les niveaux de neurotransmetteurs comme la sérotonine qui a des effets antidépresseurs mais a également un effet positif sur le sommeil. L'exercice stimule aussi la libération d'endorphines, qui sont responsables de la sensation de bien-être ressentie après l'exercice. Cela aide à combattre la dépression, l'anxiété et les sensations de stress négatif.

L'exercice physique est défini comme « tout mouvement corporel produit par les muscles entraînant une dépense énergétique supérieure à celle du repos ». La recommandation de l'OMS (Organisation Mondiale de la Santé) est de 150 minutes d'exercice d'intensité modérée par semaine - ce qui équivaut à 30 minutes par jour, 5 jours par semaine[8].

Si votre travail vous contraint à rester assis devant un écran d'ordinateur pendant de longues heures, sachez par exemple que le simple fait de vous lever va stimuler votre métabolisme, contrairement à la position assise prolongée. Gretchen Reynolds, dans son livre *The First 20 Minutes*[9], suggère que se lever toutes les 20 minutes permet d'éviter les maux physiques ou tensions liés à la position assise. Cela peut aussi améliorer votre productivité car cela vous donne une échéance de 20 minutes pour accomplir certaines tâches. La célèbre technique *Pomodoro* (« tomate » en italien - pour symboliser le minuteur) encourage à faire une pause de 5 minutes après 25 minutes. Se lever toutes les 20 minutes est la façon la plus facile de contrer les effets de la sédentarité ; cela stimule votre métabolisme et rafraîchit le mental. Les réunions debout ou les réunions en marchant sont d'autres

8 OMS (Organisation Mondiale de la Santé), https://www.who.int/fr/news-room/fact-sheets/detail/physical-activity

9 G. REYNOLDS, *The First 20 Minutes*, Avery (2013).

façons de combattre la sédentarité.

L'être humain n'est pas fait pour rester immobile ; depuis la nuit des temps, notre corps est destiné au mouvement !

Que manger pour booster votre énergie et soutenir votre santé mentale ?

Votre corps ne fait que convertir et utiliser l'énergie des nutriments que lui apporte votre alimentation. Il est évident que la quantité et la qualité de celle-ci auront un impact considérable sur le bon fonctionnement de toutes les fonctions du corps - y compris sur les fonctions cérébrales.

Pour un fonctionnement cognitif optimum, l'apport en glucose aux neurones doit être régulier ; c'est ce qui encourage à favoriser les ingrédients à index glycémique faible (légumineuses, pain et pâtes complètes, quinoa, légumes verts, etc.) et limiter les ingrédients à index glycémique élevé (pain blanc, sucreries, notamment).

Les protéines (que l'on trouve dans les produits d'origine animale, mais aussi dans les légumineuses, les noix et les graines) sont indispensables pour la communication entre les neurones, donc la mise en œuvre de nos capacités cognitives.

Pour la bonne mécanique de notre cerveau, l'apport en oméga 3 et oméga 6 - acides gras polyinsaturés - est essentiel. Nous manquons rarement d'oméga 6, présents dans la viande, les céréales, l'huile de tournesol, mais nous sommes souvent en carence d'oméga 3. On retrouve ceux-ci dans les poissons gras (sardines, fruits de mer, saumon) mais également dans les épinards, l'huile de colza ou de noix. Il peut être judicieux de prendre des compléments en oméga 3. Des études ont établi un lien entre les oméga 3 issus de l'alimentation et une meilleure aptitude à prendre des décisions, à s'organiser, à rester concentré[10].

---

10 Harvard Health Letter, "Do omega-3s protect your thinking skills?", Harvard Health Publishing (2016).

Le cerveau est par ailleurs friand de vitamines - en particulier celles du groupe B nécessaires à la fabrication d'hormones comme la sérotonine et la dopamine notamment. Un bon taux de vitamine B12 (que l'on retrouve dans les œufs, le foie, les sardines, les algues et les bananes par exemple) est associé à la plasticité cérébrale, c'est-à-dire la capacité de nos cellules cérébrales à créer de nouvelles connexions entre elles. La vitamine D est aussi essentielle : elle soutient l'hippocampe, impliquée dans l'apprentissage et la mémorisation.

Enfin, notez l'importance du fer - apporté par la viande mais aussi toute alternative végétale comme les lentilles et à associer avec la vitamine C pour une meilleure assimilation - primordial pour transporter l'oxygène jusqu'au cerveau. Le manque d'énergie est parfois le signal d'une carence en fer - l'anémie - fréquente en particulier chez les femmes !

Depuis quelques années, les relations entre la nutrition et la psychiatrie ont pu être plus clairement établies. L'activité de l'hippocampe, aire cérébrale qui joue aussi un rôle dans la santé mentale, dépend de stimuli extérieurs dont l'alimentation. L'évidence scientifique[11] suggère qu'un régime alimentaire sain contribue à réduire le risque d'occurrence (ou à traiter) des problèmes de santé mentale comme la dépression ou les troubles de l'anxiété. Cette corrélation entre alimentation et santé mentale a pu être prouvée à travers tous les groupes d'âge. Alors que les problèmes d'anxiété sont en progression en particulier chez les jeunes, n'est-il pas urgent de sensibiliser aux bénéfices d'une alimentation saine non seulement sur la santé physique mais aussi sur la santé mentale ? Certains dirigeants l'ont compris et veillent à promouvoir une alimentation saine sur le lieu

---

11 F.N. JACKA, O'NEIL, et al., "A randomised controlled trial of dietary improvement for adults with major depression", BMC Med, Vol.15 (2017).

de travail - avec par exemple des en-cas sains qui remplacent les viennoiseries ou autres sucreries dans les salles de réunion.

Et si le sommeil était le facteur clé de votre vitalité ?

Que diriez-vous d'un médicament miracle qui augmenterait votre énergie physique tout en favorisant votre bien-être, soutiendrait votre système immunitaire tout en renforçant votre mémoire, augmenterait votre capacité de concentration tout en stimulant votre créativité, assurerait la régulation émotionnelle tout en réduisant les risques d'anxiété, serait bénéfique pour chacun de vos organes tout en assurant le fonctionnement optimal de vos fonctions biologiques ? Ce « médicament » existe. Il est entièrement naturel et s'appelle un « sommeil réparateur » !

Le sommeil est probablement la source d'énergie la plus cruciale et hélas souvent sacrifiée dans une vie professionnelle chargée. Le neuroscientifique Matthew Walker[12] suggère avec humour et provocation que le sommeil serait la drogue légale, qui augmente la performance, la plus puissante que les personnes négligent pourtant le plus. Bien que de nombreux aspects du sommeil soient encore mystérieux, les progrès scientifiques des dernières années en révèlent des bienfaits qui vont probablement au-delà de ce que vous pouvez imaginer.

Question de quantité

Tous les animaux ont à un moment ou à un autre besoin de repos - certains plus que d'autres. Avec moins de deux heures de sommeil par jour, la girafe est par exemple l'animal qui dort le moins. L'éléphant et le cheval dorment aussi très peu, avec deux à trois

---

12 M. WALKER, *Pourquoi nous dormons*, La Découverte (2018).

19,9
15
13,5
12,5
10
8
5,3
5
1,9

heures par jour. À l'autre extrémité de ce spectre, on trouve la chauve-souris qui dort près de vingt heures par jour[13] !

L'être humain est de toutes les espèces vivantes la seule qui, intentionnellement, reporte l'endormissement. Et c'est précisément ce qui génère une dette de sommeil.

Ce manque de sommeil est un mal des temps modernes qui touche de façon inexorable nos civilisations connectées. Nous dormons en moyenne 1h30 de moins qu'il y a cinquante ans. C'est au Japon que les gens dorment le moins avec une durée de sommeil de seulement 5 heures et 59 minutes. La durée de sommeil la plus élevée est enregistrée en Nouvelle-Zélande, avec une moyenne de 7 heures et demie[14]. Selon une étude de Santé Publique France[15], les Français dorment en moyenne 6 heures et 42 minutes chaque nuit, soit sous la barre des 7 heures minimales recommandées. Un sommeil trop court peut sérieusement nuire aux capacités cognitives. Le double problème est que les personnes fatiguées tendent à ne pas le remarquer et surestiment leurs performances.

La recherche suggère qu'une personne sur trois souffre de troubles du sommeil. La présence quasi permanente de la lumière, notamment celle émise par les écrans, le stress, la sédentarité mais aussi une mauvaise alimentation sont les raisons principales de ce sommeil perturbé dans nos sociétés modernes.

En cause, une désynchronisation de notre horloge biologique !

L'horloge biologique se trouve dans notre cerveau, au niveau du noyau suprachiasmatique de l'hypothalamus. Il s'agit d'un

13 Dr R. HEINZER, J. HABA-RUBIO, *Je rêve de dormir*, Favre (2016).

14 www.sleepcycle.com

15 D. LÉGER, F. BOURDILLON, « Le déclin du temps de sommeil en France n'est pas une fatalité », Santé Publique France (2019).

ensemble de neurones qui rythment un certain nombre d'actions biologiques du corps, tel un chef d'orchestre. Le cortisol est par exemple secrété le matin et non la nuit. C'est ce qui nous donne le coup de pouce pour nous lever le matin ! La température du corps baisse quant à elle la nuit et non le jour. Une bonne exposition à la lumière du jour et l'obscurité la nuit permettent une synchronisation optimale de l'horloge biologique. Toutes les espèces animales et végétales ont leur propre horloge interne, calée sur leur rythme. Chez l'homme, les synchroniseurs les plus importants de notre horloge biologique sont la mélatonine (hormone induisant le sommeil) et la lumière.

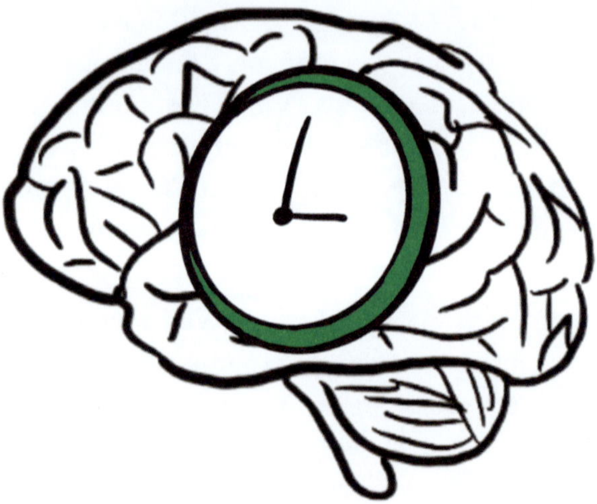

Le sommeil n'est pas une période improductive ; bien au contraire, il s'agit d'une période durant laquelle le cerveau peut se régénérer, assimiler les impressions de la journée et créer de nouvelles connexions. Le besoin spécifique de sommeil est propre à chacun, mais de façon générale, tout adulte (entre 18 et 65 ans), pour fonctionner de façon optimale, a besoin de 7 à 8 heures de sommeil par nuit.

C'est l'heure de coucher qui influence le plus la durée de sommeil puisque l'heure de réveil est en général relativement stable. Aller dormir plus tôt est la recommandation la plus simple et la plus efficace à mettre en place pour dormir plus ! Pour autant, régulariser son heure de réveil est souvent le premier conseil donné par les experts du sommeil. L'heure de réveil agit comme un déclencheur métabolique. Lorsque vous vous réveillez chaque jour à la même heure (y compris le week-end), votre horloge biologique interne est synchronisée et vous épargnez à votre physiologie les effets négatifs du décalage horaire social ; la grasse matinée du week-end est hélas une illusion de récupération... Sauf cas de fatigue extrême, elle n'est pas recommandée. En dormant beaucoup plus tard le matin, votre corps va opérer, selon le mécanisme d'homéostasie, les ajustements nécessaires pour être en phase avec cette nouvelle zone horaire (même si celle-ci est artificielle !). C'est un petit peu comme si vous décidiez de passer chaque week-end à New York, tout en passant la semaine à Paris. Imaginez l'effet néfaste sur votre niveau d'énergie physique !

Question de qualité

Le sommeil correspond à une succession de 3 à 6 cycles de 60 à 120 minutes chacun. Chaque cycle est constitué d'une alternance de différentes phases de sommeil, correspondant à une activité cérébrale différente - telle que mesurée par un électroencéphalogramme (EEG).

La phase de sommeil léger, peu après l'endormissement, est suivie d'une phase de sommeil progressivement plus profond. Le sommeil paradoxal est une phase durant laquelle l'activité cérébrale est proche de celle de la phase d'éveil. Cette phase est aussi appelée « REM » *(Rapid Eye Movement)*, en raison des mouvements oculaires rapides (sous les paupières closes) observés durant cette période. C'est essentiellement durant cette période que nous rêvons.

Durant une même nuit, les premiers cycles sont surtout constitués de sommeil profond, tandis que la fin de la nuit fait la part belle au sommeil paradoxal. La qualité de sommeil est très dépendante de la présence de mélatonine. Cette hormone qui induit le sommeil est généralement libérée chez les adultes vers 21h. Quelque 90 minutes plus tard, les signaux de fatigue se feront ressentir. Si vous allez dormir bien après la libération de mélatonine, la quantité de sommeil profond en sera affectée. Il est aussi clairement établi que la lumière bleue émise par les écrans (télévision, ordinateur, téléphone) est perçue par notre cerveau comme un signal de vigilance. Matthew Walker dans son livre *Pourquoi nous dormons* suggère qu'une heure sur les écrans reporte de trois heures le moment où la quantité de mélatonine libérée est à son pic. Vous vous endormez dès lors moins facilement. La quantité de sommeil profond, influencée par la quantité réduite de mélatonine, sera moindre et dès lors la qualité de votre nuit sera affectée.

Bien évidemment les besoins de sommeil, en quantité et en qualité, varient d'une personne à l'autre et au cours d'une vie. Les facteurs génétiques peuvent expliquer la nature « lève-tôt » ou « couche-tard », liée au cycle physiologique circadien (en moyenne un peu plus de 24h) qui serait un peu plus long chez les « couche-tard ». L'environnement, l'hygiène de vie et le rythme de vie jouent un rôle majeur sur notre capacité à profiter d'un sommeil réparateur.

En simplifiant, retenez que le sommeil profond - surtout présent en début de nuit - favorise votre récupération physique. C'est la phase durant laquelle vous libérez les plus grandes quantités d'hormones de croissance, essentielles pour renforcer votre système immunitaire, et de testostérone, qui agissent comme un antidote au stress. Le sommeil paradoxal, quant à lui, semble essentiel pour la mémoire, la créativité et votre régulation émotionnelle. Il semble d'ailleurs que le manque de sommeil et donc aussi de sommeil paradoxal soit une des raisons expliquant le syndrome de stress post-traumatique *(PTSS - post traumatic stress symptoms)* dont souffrent les soldats en revenant du front. Privés de sommeil durant leurs missions, ils sont aussi privés de cet outil naturel de régulation émotionnelle.

Portez votre attention vers le moment présent pour vous poser ces quelques questions :

- Est-ce que ma routine quotidienne favorise calme et vitalité ?
- Ai-je prévu dans mon agenda des plages horaires destinées à l'exercice physique ?
- Quelles sont les réunions de la semaine que je pourrais transformer en réunions debout ou en marchant ?
- Est-ce que mes habitudes alimentaires me servent ?
- Que pourrais-je ajuster dans mon régime actuel pour soutenir mon énergie et ma concentration ?
- Quand je me réveille en forme et reposé, quelle a été ma quantité de sommeil ?
- Quel est mon rituel de préparation au sommeil ?

En conclusion de ce chapitre, je voudrais souligner combien une relation saine à soi est la base pour établir des relations saines avec les autres. Connaître ses forces et ses fragilités permet d'appréhender l'autre avec plus d'humanité et de tolérance. Identifier ses ressources et les gérer avec conscience soutient la résilience personnelle, impérative pour construire la résilience d'une équipe. Je regrette que nos systèmes éducatifs ne laissent encore que si peu de place à cette démarche de découverte de soi. Gageons que les défis qui se posent aujourd'hui encouragent aussi le secteur de l'éducation à repenser les priorités et intégrer ce qui relève du développement personnel dans les programmes des écoles.

Prêt à passer à l'action ? Rendez-vous à la p. 164 pour faire votre choix dans le *Menu pratique*.

CHAPITRE III

LA RELATION AUX AUTRES

« Les gens oublieront ce que vous avez dit, ils oublieront ce que vous avez fait, mais n'oublieront jamais ce que vous leur avez fait ressentir. »

Maya Angelou

Chaque interaction compte. Chaque interaction est une opportunité pour renforcer la motivation et la confiance des collaborateurs… ou au contraire, diminuer l'engagement et l'enthousiasme.

Tisser des liens de qualité au sein de votre équipe mais aussi avec l'ensemble des parties prenantes d'un projet est, il me semble, la condition sine qua non pour guider une équipe avec bienveillance et succès. J'ai pu observer dans différents contextes – l'épicerie de mon quartier, l'école de mes enfants, les restaurants, les organisations où je suis intervenue comme consultante – combien ceux qui prennent soin de la relation à l'autre ont le plus bel impact.

Que vous ayez été récemment promu à un poste managérial ou que vous dirigiez une équipe depuis des années, vous aspirez très probablement à vous montrer sous votre meilleur angle. Mettre en avant ce qui fait de vous un « bon leader » - assertif, décisif, inspirant et confiant - pour avoir plus d'impact auprès de votre équipe. Mais que faire de vos zones d'ombre, vos limitations, vos faiblesses... ce qui ne fait pas de vous un « bon leader » au sens immédiat du terme ? Et si la réponse était de développer un leadership authentique ?

Impact et authenticité

Le principe d'authenticité n'est pas neuf ; l'authenticité est considérée depuis l'Antiquité comme une vertu par laquelle un individu exprime avec sincérité ce qu'il est profondément. En revanche, associer l'authenticité au leadership est plus récent.

Le développement de la psychologie positive depuis les années 90 a favorisé la prise de conscience relative aux comportements adéquats plutôt que de pointer ceux qui sont dysfonctionnels. C'est dans ce contexte que le concept de leadership authentique s'est répandu ces dernières années, avec de nombreux livres pour promouvoir cette attitude du manager qui se montre « tel qu'il est vraiment ».

Bill George, professeur à la Harvard Business School, ancien CEO de Medtronic et auteur de plusieurs best-sellers, propose cinq dimensions qui soutiennent le leadership authentique : le sens, les valeurs, le cœur, les relations et la discipline personnelle[16]. Bien que plusieurs théories sur le sujet existent, je propose ici trois caractéristiques clés du leader authentique :

Le leader authentique se connaît bien et ose l'introspection régulière.

---

16 B. GEORGE, "Authentic Leadership", Jossey-Bass (2004).

Nous avons insisté sur l'importance de la connaissance de soi dans le chapitre précédent. Nous parlons bien de connaissance « holistique » de soi : cela inclut bien évidemment la conscience de ses forces et limitations, la connaissance de son corps, de ses émotions et de ses aspirations. C'est aussi une démarche personnelle pour comprendre en quoi votre propre histoire et votre expérience de vie forgent la personne que vous êtes aujourd'hui. Le leader authentique dévoile une même personnalité, en public et en privé. Il n'a pas à revêtir de « costume » lorsqu'il guide son équipe, car il est totalement en phase avec sa nature profonde. Il n'a pas besoin de cacher ses erreurs ou ses faiblesses, mais au contraire, il agit avec honnêteté et transparence. Être transparent ne veut pas dire parler et agir sans filtre ; c'est respecter ses propres limites, celles des autres et créer de la confiance. L'auteure américaine Brené Brown[17] parle du pouvoir de la vulnérabilité comme le courage de s'exposer aux risques et de montrer ses émotions. Il ne s'agit pas de tout dévoiler de soi sans retenue, mais de partager ce qui est approprié, avec humilité. Admettre ses erreurs et en tirer les enseignements est un exemple de leadership authentique. Prenons l'exemple d'Eric Yuan, CEO de la plateforme de vidéoconférence ZOOM : alors que sa société enregistrait une croissance vertigineuse au début de la pandémie Covid-19, des failles sont apparues dans le système de sécurité informatique et la protection des données personnelles. Eric Yuan s'est excusé publiquement auprès des utilisateurs via une vidéo Youtube (postée le 8 avril 2020) en reconnaissant avoir voulu aller trop vite pour saisir les opportunités de la croissance et s'est engagé à rectifier le tir en prenant rapidement les actions nécessaires. Plus récemment, la Chancelière allemande Angela Merkel a reconnu lors

17 B. BROWN, *Dare to lead*, Penguin Random House (2018).

d'une conférence de presse (le 24 mars 2021) que sa décision de confiner le pays durant les cinq jours autour du week-end de Pâques était une *erreur personnelle* - « les erreurs doivent être nommées comme telles » a-t-elle ajouté. Dans ces deux cas, l'attitude du leader est une démonstration d'humilité tout en maintenant l'assertivité utile pour faire face à une situation critique. Reconnaître une erreur, serait-ce un aveu de faiblesse ou une façon de renforcer votre impact ? Mon collègue du Resilience Institute en Australie, Stuart Taylor, parle *d'humilité assertive*[18]. Lorsque vous êtes capable de reconnaître une erreur professionnelle, avec humilité, vous contribuez à créer une culture de transparence. Lorsque vous en partagez les enseignements et apprenez de cette expérience, vous incarnez alors une attitude constructive à la base de l'état d'esprit de développement *(« growth mindset*[19] *»)* qui permet d'évoluer - individuellement et collectivement. Reconnaître sa responsabilité en tant que leader, c'est aussi bénéfique pour toute l'entreprise. Une vaste étude américaine[20], menée sur une période de dix-huit ans, a pu montrer que lorsqu'un leader attribue des résultats négatifs à des causes externes, le cours de la Bourse tend à diminuer. En revanche, lorsqu'il met en avant des causes internes et propose des solutions, la valeur des actions de son entreprise augmente car la confiance est restaurée. Malgré les recherches scientifiques qui soutiennent les bénéfices de cette pratique, les cas de dirigeants reconnaissant une erreur et présentant leurs excuses font encore figure d'exception.

---

18 S. TAYLOR, *Assertive humility*, Monterey Press (2013).

19 C. S. DWECK, *Changer d'état d'esprit*, Mardaga (2016).

20 G.R. SALANICK, J.R. MEINDL, "Corporate attributions as strategic illusions of management control", Administrative Science Quarterly, vol. 29, n°2, pp238-254, Sage Publications (1984).

Le leader authentique agit avec sa tête et avec son cœur.

Il prend soin de la relation. Il n'a pas peur de montrer ses émotions ou sa vulnérabilité dès lors que c'est en phase avec la réalité. Cela ne signifie pas qu'un leader authentique est « mou » ou « fragile ». **C'est au contraire une marque de confiance en soi – l'audace d'être soi pour mieux servir les autres.** Comme cité plus haut, il ne s'agit pas de se montrer « entièrement nu » et de tout dévoiler de soi. Il ne me semble ni opportun ni constructif de partager tous vos états d'âme avec votre équipe. En faisant preuve de discernement, le leader authentique trouvera l'attitude juste – en agissant avec sa tête et avec son cœur. La Première ministre de Nouvelle-Zélande, Jacinda Ardern, est à cet égard un excellent exemple. Elle a réagi aux attaques terroristes tragiques de Christchurch (le 15 mars 2019) avec une immense empathie, et c'est aussi avec le cœur qu'elle a réussi à créer une grande proximité avec la population.

Le leader authentique est motivé par une mission qui le dépasse et adopte une perspective à long terme.

Il poursuit des objectifs au-delà de son intérêt personnel, des aspects financiers ou de son ego. Cela invite à prendre des décisions motivées par ce qui semble « juste » et en phase avec la raison d'être de l'organisation. Dans les grandes entreprises, en particulier celles cotées en Bourse, la tyrannie du court terme domine le plus souvent ; les décisions sont prises à travers un prisme réducteur qui ne tient compte que de l'intérêt des actionnaires. Cela n'est pas durable et tout à fait opposé à cette notion de leadership authentique. Nous reviendrons sur ce point dans le chapitre 5.

Plusieurs études ont démontré les bienfaits du leadership authentique. Une recherche[21] a par exemple établi que le leadership authentique est le meilleur prédicteur de la satisfaction des employés, de leur engagement et du bonheur au travail. Une autre[22] a montré que lorsque le leader est perçu comme plus authentique, cela stimule l'innovation et l'esprit d'initiative des employés. Enfin, plus récemment, une vaste étude de la *Harvard Business Review*[23] souligne que l'authenticité des leaders les rend efficaces et davantage suivis.

L'authenticité se vit au quotidien à travers les relations que vous tissez autour de vous. Les occasions durant lesquelles ces relations se manifestent sont multiples ; certaines sont formelles, d'autres informelles. Chaque interaction est une opportunité de tisser une relation de qualité : la façon dont vous saluez vos collègues ou collaborateurs en arrivant le matin, votre attitude en réunion, durant les pauses, le ton utilisé dans vos messages écrits ou par téléphone, votre réaction aux imprévus, etc.

En bref, pour avoir de l'impact auprès de votre équipe, faire preuve d'authenticité est la voie à suivre. Cela requiert une véritable intention, un travail actif, une présence totale et une attention à l'autre.

---

21 S.M. JENSEN, F. LUTHANS, "Entrepreneurs as authentic leaders: impact on employee's attitudes", Leadership & Organisation Journal (2006).

22 M. CERNE, M. JAKLIC, M. SKERLAVAI, "Authentic Leadership, Creativity, and Innovation: A Multilevel Perspective", Sage Journal (2013).

23 B. GEORGE, P. SIMS, A. McLEAN. D. MAYER, « Découvrir son leadership authentique », HBR (avril-mai 2020).

Une équipe, un espace sûr

En 1999, Amy Edmondson, professeur à la Harvard Business School, a utilisé le terme de «sécurité psychologique» pour identifier les équipes les plus performantes. Ses recherches[24] ont mis en lumière l'importance de forger un espace où les membres d'une équipe osent prendre des risques, expriment librement leurs opinions sans peur de se faire rabrouer et apprennent de leurs erreurs. Elle a observé combien la sécurité psychologique favorise l'envie d'apprendre - l'ouverture, la curiosité et la créativité - qui soutient la performance d'une équipe.

Cette envie d'apprendre se traduit par exemple par l'échange régulier de feedbacks au sein de l'équipe, le partage d'informations en toute transparence, l'aisance à parler de ses erreurs avec ses collègues et le naturel avec lequel chacun ose demander de l'aide à l'autre. Il ne s'agit pas d'être «copains» les uns avec les autres ; cette recherche suggère d'ailleurs qu'une cohésion trop forte entre les membres d'une équipe peut les amener à éviter d'exprimer des désaccords ou de challenger les idées d'un collègue. C'est l'évitement qui nuit à la prise de risque, si nécessaire pour innover et apprendre.

La sécurité psychologique repose sur une croyance partagée que l'équipe est un espace sûr pour prendre des risques et être entièrement soi. Le lieu de travail devient alors un lieu d'épanouissement. Oui, vous avez bien lu : un lieu d'épanouissement, un lieu où on peut être pleinement soi-même. Ne me croyez ni naïve ni idéaliste ! Je suis surtout pragmatique : l'épanouissement permet l'expression et l'expansion des talents. C'est tout bénéfice - «gagnant gagnant» - à

24 A. EDMONDSON, "Psychological safety and learning behaviors in work teams", Administrative Science Quarterly (1999).

la fois pour les individus et pour l'équipe. Pour vous, leader, être authentique est donc aussi une façon de permettre aux autres de l'être aussi. Il convient de créer une atmosphère caractérisée par la confiance et le respect mutuel.

Voici 3 suggestions pratiques inspirées par les travaux de A. Edmondson à considérer lors de votre prochaine réunion d'équipe :

- Présentez un défi comme une opportunité d'apprendre plutôt que comme un problème à résoudre.
- Reconnaissez vos propres failles.

- Faites preuve de curiosité et poser beaucoup de (bonnes) questions. Non pas des questions pour juger mais des questions constructives qui clarifient et qui libèrent la créativité.

Quelques années après A. Edmondson, Google lance en 2015 le projet de recherche Aristote, une vaste étude destinée à découvrir les principes généraux derrière les équipes les plus performantes. Cette enquête a confirmé que la sécurité psychologique était la clé essentielle pour qu'une équipe réalise les meilleures performances. L'accent est mis sur l'égalité conversationnelle et l'importance pour chacun de se sentir « entendu ». Cela suggère d'encourager la prise de parole, en particulier auprès de ceux, plus discrets, qui ont tendance à être dans la retenue. Les meilleurs managers y sont attentifs ; cela exige une sensibilité sociale et la volonté, chaque jour, de forger et consolider cet « espace sûr ».

Portez votre attention vers le moment présent pour vous poser ces quelques questions :

- Lorsque quelqu'un dans mon équipe fait une erreur, comment ai-je tendance à réagir ?
- À quel point est-ce que j'accueille positivement les opinions différentes des miennes ?
- Est-ce que dans notre équipe, chacun se sent à l'aise pour soulever des problèmes ?
- Est-ce que nous sommes ouverts à la différence ?
- Est-ce que la prise de risque et l'initiative sont valorisées ?
- Est-ce que chacun ose demander de l'aide à l'autre ?
- Est-ce que je valorise pleinement les talents et compétences de chacun dans l'équipe ?

La présence du leader - contrôle de l'attention et focus

À quel point êtes-vous présent en réunion ? Que dégagez-vous lorsque vous arrivez sur votre lieu de travail ? Que ressentez-vous lorsque vous-même assistez à une réunion où votre patron ne cesse de tapoter sur son téléphone ? Quelles impressions laisse une conversation constamment interrompue par des distractions diverses ? Incarner le leadership c'est aussi le représenter dans son cœur et dans son corps.

Qu'il est difficile de définir ce qu'est la présence ! Est-ce le charisme qui se dégage d'une personne, son attention à vous, ses attentions pour vous ou sa capacité de concentration, le focus ? La présence ne se mesure pas mais se ressent. On se souvient des années plus tard d'avoir serré la main d'une personnalité connue et de l'expérience vécue à ce moment-là. De la même façon, la patronne ou le patron qui arrive au bureau le matin en ignorant son entourage démontre son absence d'intérêt pour son équipe. Cela paraît improbable et pourtant les agendas chargés sollicitent tant notre attention que, sans y être spécialement attentif, les risques d'absence sont nombreux.

Votre présence est partie intégrante de la relation que vous nouez au sein de votre équipe, mais aussi avec vos clients, vos collègues ou vos actionnaires.

Est-ce que la présence se développe ? J'en suis certaine ! C'est une compétence comme une autre. Bien que certains dégagent naturellement une plus grande présence, il est aussi possible de développer les autres composantes qui vont compléter votre nature intrinsèque. Parmi ces composantes, certaines sont très visibles et tangibles alors que d'autres le sont beaucoup moins.

Avant même de parler, c'est notre corps qui envoie des signaux de présence… ou d'absence !

À chaque moment, nous faisons passer des messages. Compte tenu de vos responsabilités, même dans une petite équipe, c'est comme si un projecteur était constamment fixé sur votre personne.

Bien évidemment, la taille physique joue un rôle - mesurer 1,95 mètre tend à vous rendre plus présent que si vous êtes de petite taille ! Notons tout de même que de nombreux grands leaders ne le sont pas par la taille : Napoléon (1,68 m), Nicolas Sarkozy (1,66 m), Angela Merkel (1,65 m) ou Kamala Harris (1,61 m) ont déployé d'autres atouts de présence ! Laissons donc de côté ces éléments en dehors de votre contrôle pour reconnaître tout ce à quoi vous pouvez être plus attentif.

Ce qui est visible inclut par exemple votre apparence soignée, votre look vestimentaire approprié, votre posture droite et ouverte (évitez le dos courbé ou les épaules rentrées), votre gestuelle, vos expressions faciales ou le ton de votre voix.

Avant même de démarrer une conversation, vous dégagez (ou pas) une certaine présence. Alors que les réunions virtuelles nous privent de certains signaux, cela leur donne encore plus d'importance. Les expressions faciales - qui apparaissent souvent en gros plan sur certaines plateformes de vidéoconférence - sont par exemple très révélatrices du degré de présence d'une personne.

Ce qui est invisible relève de votre attention et l'intérêt que vous portez à l'autre.

Pas seulement durant les réunions importantes ou lorsque vous prenez de grandes décisions, mais dans les gestes du quotidien. Nous pourrions définir cette présence attentive comme la capacité à vivre pleinement le moment présent et à guider votre attention vers la personne avec laquelle vous interagissez.

Cette présence attentive soutient alors la résonance entre le leader et son équipe, ce sentiment partagé d'être sur la même longueur d'onde. Être présent ne coule pas de source. Contrairement aux autres mammifères, l'être humain passe énormément de temps à penser à ce qui ne se passe pas à l'instant T, contemplant des événements du passé, qui pourraient se dérouler dans le futur ou qui ne se manifesteront jamais ! D'après une étude américaine[25], nous passons près de la moitié de notre temps éveillé (46,7% pour être exact) à penser à autre chose que ce à quoi nous sommes occupés. L'obstacle majeur à la présence et à la capacité à contrôler votre attention est un mental agité. C'est lorsque le flux des pensées vous amène à ruminer sur des événements du passé ou à cultiver de l'anxiété au sujet de l'avenir. Pourquoi ai-je dit ceci durant cette réunion ? Quelle bande d'idiots d'avoir pris cette décision ! Que va-t-il se passer si ce projet n'est pas approuvé ? Et si ma cliente n'est pas satisfaite ? La liste des pensées toxiques qui nous empêchent d'être dans le moment, et donc présent à l'autre, est illimitée...

Notons que cette étude a poursuivi ses investigations en explorant une corrélation possible entre présence et bonheur. Les

---

25 M.A. KILLINGSWORTH, D.T. GILBERT, "A wandering mind is an unhappy mind", *Science*, vol. 330 / issue 6006, pp. 932 (2010).

résultats révèlent que les personnes se sentent moins heureuses lorsque le flux des pensées les éloigne du moment présent.

Cette inattention au moment présent semble être notre posture par défaut. L'activité de notre cerveau, particulièrement intense en pleine journée, est dépendante des multiples stimuli auxquels nous sommes exposés. La difficulté à se concentrer sur une tâche réduit notre productivité de la même façon que la difficulté à porter notre entière attention à une personne nuit à notre présence.

L'attention peut être définie comme la capacité à sélectionner et à se concentrer sur les stimuli les plus importants. Dans notre monde ultra connecté, l'attention est prisée et convoitée. Yves Citton, dans son livre *L'économie de l'attention*[26] en parle d'ailleurs comme une nouvelle économie en passe de supplanter les anciens modes d'échanges de biens matériels ; l'attention en constituerait la première rareté et la plus précieuse source de valeur.

Les sportifs professionnels le savent bien : la présence totale est indispensable pour réaliser les meilleures performances. Imaginez Roger Federer, en plein match, en train de ruminer sur le point précédent, se rappelant l'importance de l'enjeu du point suivant ou sur son smartphone entre deux jeux. Cela nuirait bien évidemment à sa performance.

Rappelez-vous maintenant votre dernière conversation avec une personne de votre équipe : étiez-vous vraiment là ? Ou bien, physiquement présent, mais mentalement ailleurs ? À quel point aviez-vous décidé de guider toute votre attention vers la personne ? Étiez-vous entièrement à l'écoute ou vérifiiez-vous discrètement votre messagerie durant la conversation ?

---

26 Y. CITTON, *L'économie de l'attention*, La Découverte (2014).

Cette capacité attentionnelle est de grande importance pour guider une équipe. Par chance, nous pouvons l'améliorer et l'entraîner !

La première étape consiste à faire ce choix de la présence, choisir de guider votre attention vers le moment présent.

Éloigner le téléphone en réunion, éteindre le deuxième écran durant vos vidéo-conférences, supprimer les notifications automatiques sont quelques pratiques qui soutiennent l'attention. Par ailleurs, les techniques de pleine conscience et de méditation - dont la science a aujourd'hui clairement démontré l'efficacité - renforcent ce muscle de la présence. Sans devoir s'y atteler plusieurs heures par jour, quelques minutes pratiquées régulièrement (idéalement quotidiennement) calment le mental ; cela deviendra dès lors de plus en plus facile de rester concentré et présent même en pleine journée. Dès lors qu'on apprend à dompter les distractions et à calmer un mental agité, on voit peu à peu la capacité de présence attentive se renforcer.

La présence du leader lui permet d'obtenir la confiance de ceux qui l'entourent. Cela va bien au-delà du « charisme » ou des compétences de présentation. C'est la résultante d'une intention de présence et d'une attention guidée vers votre interlocuteur. Entraîner le contrôle de l'attention, le focus, renforce aussi votre résilience personnelle : le Resilience Institute qui mesure la résilience des individus et des équipes a démontré que les personnes qui ont les scores de résilience les plus élevés sont aussi celles qui ont une capacité de focus la plus importante.

Créer un espace sûr, c'est donc offrir à votre équipe le cadeau de votre présence attentive et de votre bienveillance. C'est une décision qui contribue non seulement à renforcer votre impact mais aussi votre capacité de résilience.

Créer de la proximité à distance

Nous sommes fondamentalement des êtres sociaux. C'est un besoin tout à fait reconnu. Plusieurs théories expliquent l'importance de ce besoin de socialisation. La plus connue est la hiérarchisation des besoins d'Abraham Maslow (1908-1970), psychologue et philosophe américain. Maslow, en 1947, suggère que la santé psychologique (dont on parle tant en ce moment sous la dénomination « santé mentale ») dépend de l'assouvissement des besoins humains, des plus primaires jusqu'à la réalisation de soi. Ce modèle, souvent représenté sous forme d'une pyramide, identifie 5 catégories de besoins :

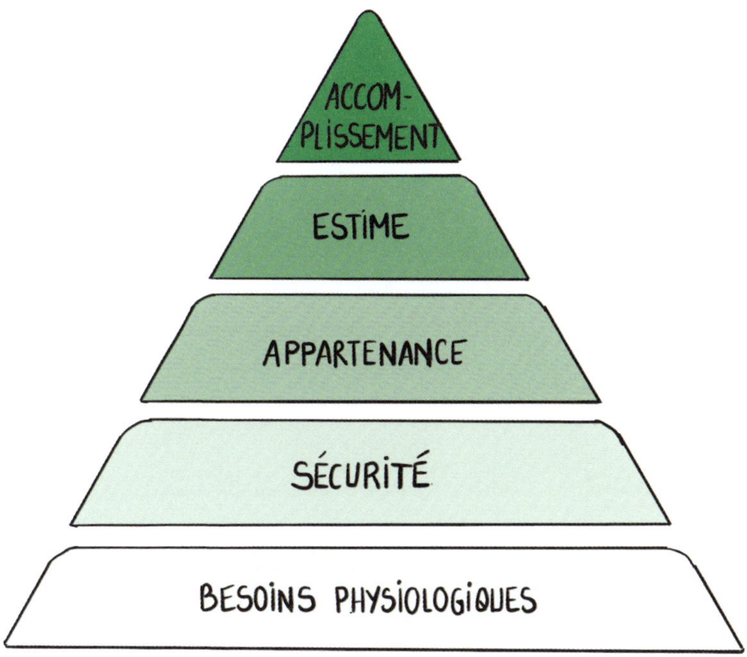

Sur le plan professionnel, l'appartenance à un groupe ne suffit pas à créer ce sentiment d'affiliation. Rappelez-vous le dernier événement « team-building » que vous avez organisé, le repas festif ou l'apéro du vendredi. Toutes ces initiatives visent à créer ce sentiment d'appartenance. Cela aide très souvent ; cela ne suffit presque jamais. Il faut encore assurer une communication fluide et établir des relations de confiance au sein d'une équipe. Serait-ce donc cela la proximité ? Un sentiment profond d'affiliation, une forme de « résonance » - cette sensation d'être sur la même longueur d'onde (on y reviendra plus loin lorsqu'on abordera l'empathie). Un leader résilient veille à créer cette proximité avec ses collaboratrices et collaborateurs. À l'heure du télétravail, dans un monde où vous pouvez diriger une équipe géographiquement dispersée dans plusieurs endroits du monde, comment répondre à ce besoin d'appartenance et de proximité ? Comment compenser les moments importants que l'on vit ensemble lorsqu'il n'y a pas de rencontre physique ? Le défi n'en est que plus grand pour chaque leader.

La plupart du temps, j'observe que l'on compense la distance géographique par une fréquence de communication élevée : en utilisant tous les canaux possibles (e-mails, téléphone, messageries instantanées), chacun est en connexion quasi permanente avec le reste du groupe. Si une communication fréquente est utile, une communication permanente est contre-productive. Cela peut donner le sentiment d'être constamment surveillé ; durant la pandémie Covid-19, de nombreux employés ont exprimé combien cette connexion quasi permanente était pesante. Je pense à cette employée de banque en télétravail qui évitait d'éteindre son ordinateur durant ses pauses, de peur que son patron la soupçonne de ne pas travailler suffisamment. Ou encore cet enseignant dont les cours en ligne étaient enregistrés pour diffusion aux élèves absents, mais qui craignait que la qualité de son cours ne soit examinée par le directeur de l'école.

Un leader résilient établit des rituels de communication qui garantissent un bon équilibre entre la quantité et la qualité. Par exemple, il met en place des forums de discussion formels et informels qui rapprochent sans devenir envahissants. Cet équilibre n'est pas toujours simple à assurer.

Nous avons reconnu plus haut et grâce à Amy Edmondson que la cohésion d'une équipe pouvait aussi être un frein à l'établissement de cet « espace sûr » - qui permet les remises en question, les échanges de feedbacks et ne craint pas les conversations franches. Que faire, donc ? Être proche... mais pas trop proche ? Créer des liens... mais pas trop étroits ?

Pour résoudre ce dilemme, je vous propose d'être surtout attentif à la confiance que vous parvenez à établir avec chacune et chacun dans votre équipe. Un sentiment de confiance partagé est à mon sens la base de ce sentiment d'appartenance à une équipe.

En observant de plus près les variables de la confiance[27], quatre composantes entrent en jeu :

- Les compétences que vous reconnaissez à l'autre personne
- L'intégrité, la cohérence entre ce qui est dit, ce qui est pensé et ce qui est fait
- La bienveillance, le soin qu'une personne porte envers l'autre personne
- Les affinités, atomes crochus entre les personnes ou points communs

27 O. MESLY, « Faisabilité de Projets », Presses Internationales Polytechniques de Montréal (2015).

Les deux premières composantes sont cognitives et basées sur une évaluation assez rationnelle de comportements et d'attitudes. Les deux suivantes sont émotionnelles et relèvent du ressenti. Afin de nourrir ce sentiment de confiance au sein d'une équipe, même à distance, vous pouvez décider de cultiver ces deux dernières composantes de façon très concrète. Démontrez que vous vous souciez de chacun, intéressez-vous à la personne au-delà de son rôle professionnel, identifiez et mettez en avant ce que vous avez en commun avec chacun. Cette suggestion toute simple est une façon très rapide de créer de la proximité. Lorsque vous dévoilez quelque chose que vous avez en commun avec une autre personne (une passion pour le vélo, avoir vécu en Chine, être parent de jumeaux ou toute autre similitude), cela rapproche tout simplement.

Portez votre attention vers le moment présent pour vous poser ces quelques questions :

- Comment puis-je renforcer la cohésion de l'équipe sans en faire trop ?
- Est-ce que la communication au sein de l'équipe est fluide ?
- Quels rituels au sein de l'équipe nous rapprochent ?
- Avec qui la relation est-elle un peu moins facile dans l'équipe ?
- Qu'ai-je en commun avec cette personne ?
- Comment puis-je lui montrer que je me soucie d'elle tout en étant authentique ?

Empathie et compassion au travail

Créer de la proximité nécessite bien évidemment une forme d'empathie. Voilà un terme qui était pour ainsi dire absent des manuels de management au XXe siècle, mais qu'on ne peut plus ignorer (et qui apparaît d'ailleurs au premier plan de tous les manuels de leadership actuels) depuis la prise de conscience des compétences émotionnelles, leur impact sur la performance et la reconnaissance de l'intelligence émotionnelle.

Bien que certains soient plus empathiques que d'autres (l'absence totale d'empathie est extrêmement rare et pathologique), c'est véritablement une capacité que l'on peut développer. L'empathie est une forme de compréhension : comprendre ou reconnaître les émotions des autres. L'activation de l'empathie - ce que je fais de cette compréhension des émotions de l'autre - est une démonstration de votre intelligence émotionnelle. Certains patrons ont beaucoup d'empathie mais l'utilisent à mauvais escient, en vue de manipuler leur entourage ou - pire encore - pour mépriser les autres. À l'extrême, on peut prétendre que les plus grands manipulateurs sont dotés d'une très grande empathie. Ils utilisent cette information à des fins politiques ou viles.

La bonne nouvelle est que sur le spectre de l'empathie, le progrès est à votre portée. Vous pouvez l'appréhender à travers 4 niveaux de compétences :

1. **Écouter attentivement**

   Voilà qui requiert votre présence totale (voir plus haut). Prétendre à ce premier niveau de compétence si vous êtes constamment sur votre téléphone durant les réunions n'a pas de sens. Il convient de guider votre attention pleine et entière vers la personne et l'encourager à s'exprimer grâce à des questions ouvertes.

2. **Lire le non-verbal**

   Bien que des questions persistent sur le pourcentage exact qui relève dans la communication du non-verbal, tout le monde reconnaît que les mots ne sont qu'une partie marginale du langage. Décrypter les signaux non verbaux tels que la gestuelle, l'expression faciale, le ton de la voix, le rythme de respiration permet d'affiner la perception de l'émotion ressentie par l'autre. Paul Ekman[28], psychologue américain, est un pionnier dans l'étude des émotions et leur relation aux expressions faciales - en particulier aux micro-expressions faciales qui ne durent que quelques secondes (1/25e de seconde exactement !). À travers ses recherches, il a conclu que les expressions faciales sont un système universel de signaux qui reflètent les fluctuations - moment par moment - de l'état émotionnel d'une personne. En vous entraînant à détecter ces signaux avec plus de justesse, vous renforcerez ainsi votre empathie.

3. **Reconnaître les perspectives de l'autre**

   Nous avons vu plus haut combien accueillir et valoriser les opinions différentes était utile pour forger un espace sûr. C'est aussi une compétence empathique. En vérifiant « ce que j'entends que tu me dis est bien ceci… ? », « est-ce correct ? », « ai-je bien compris que ton point de vue est… ? », vous reconnaissez les différents sentiments et opinions.

---

28 www.paulekman.com

4. **Comprendre les perspectives des autres**

   Lorsque vous reconnaissez une perspective différente, vous ne la comprenez pas nécessairement. La comprendre vraiment (sans pour autant être en accord avec son avis) suggère que, «en vous mettant à sa place», compte tenu de ce que vous connaissez de cette personne, vous compreniez comment elle en vient à cette perspective. Parvenir à ce niveau de compétence est le fruit d'un solide travail de développement personnel.

Note personnelle : j'ai moi-même encore de grands progrès à faire sur le chemin de l'empathie pour parvenir à ce 4e niveau !

Lorsque votre empathie grandit, elle vous donne accès à de nouvelles connaissances. Une compréhension plus fine de votre équipe pour mieux la guider.

La compassion au travail, c'est activer l'empathie avec respect et bienveillance.

À première vue, la racine de ce mot (du latin : *cum patior* «je souffre avec» et du grec : *sym patheia* «sympathie») ne soutient pas tout à fait mon propos. La compassion serait un sentiment par lequel un individu est porté à percevoir la souffrance d'autrui et poussé à y remédier.

En réalité, il n'est pas question de souffrir pour aider autrui. Il ne s'agit pas de porter la souffrance de l'autre, car cela mène parfois à la détresse empathique, cet épuisement émotionnel que peuvent ressentir les professionnels de la santé, les éducateurs ou autres professions très engagées émotionnellement (et souvent aussi physiquement).

La compassion implique de prendre soin de l'autre avec l'intention de le soulager, alléger sa souffrance.

Imaginez un instant un chirurgien sur le point de faire une opération. L'expression faciale du patient ne laisse aucun doute sur son appréhension de l'opération. Le chirurgien, grâce à son empathie, reconnaît l'émotion de peur et se tourne vers le patient : « Vous êtes terrorisé. Je vous comprends. Moi aussi, je ne suis pas très à l'aise mais espérons que tout se passe bien. » Cette attitude ne va bien évidemment pas soulager le patient, au contraire ! Supposez que le chirurgien réponde différemment : « Vous êtes terrorisé. Je le vois. Rassurez-vous ; j'ai fait cette opération un très grand nombre de fois. Tout va très bien se passer et on se retrouve à votre réveil. »

Imaginez maintenant un scénario hélas réaliste. Vous devez annoncer un licenciement. Pour de nombreux patrons, c'est sans doute la partie du rôle la plus redoutée. La décision étant prise, c'est la façon de l'annoncer et d'accompagner la personne dans les jours qui suivent qui fera toute la différence.

Je pense à ce directeur à qui on a annoncé son licenciement immédiat « pour des raisons de divergence stratégique » un lundi matin en lui laissant à peine le temps d'empaqueter ses affaires et surtout de dire au revoir à ses collègues. Zéro compassion. Heureusement, de très nombreux cas de licenciement sont traités avec humanité et par des personnes ayant choisi d'activer leur empathie de façon positive et constructive. Démontrer de la compassion exige patience, sagesse et résilience personnelle.

Des recherches en neurosciences[29] ont pu démontrer que l'empathie et la compassion activent des zones différentes du cerveau. L'empathie crée une forme de résonance émotionnelle : je partage l'émotion dont je suis témoin et mon

29 T. SINGER, O. KLIMECKI, "Empathy & Compassion", Current Biology. vol. 24. R875-R878 (2014).

cerveau se met au diapason. S'il s'agit de la joie, le circuit neuronal activé sera celui lié aux émotions positives. Face à la souffrance d'autrui (le patient terrorisé avant l'opération ou le collaborateur à qui vous annoncez son licenciement), l'empathie qui invite à ressentir les émotions de l'autre affecte la zone du cerveau liée précisément à la souffrance. Partager la douleur de l'autre, c'est donc activer le même circuit neuronal dans le cerveau que la personne en souffrance. C'est ce qui peut mener à la contagion émotionnelle ou détresse empathique si la distinction entre soi et l'autre n'est pas clairement établie. À l'inverse, l'expérience de compassion - caractérisée par une forte motivation à soulager l'autre, à lui envoyer de l'amour ou de l'affection - stimule les circuits neuronaux liés aux émotions positives. Encore plus fascinant : compte tenu de la malléabilité du cerveau, l'entraînement à la compassion - notamment grâce à la méditation d'amour bienveillant (en anglais, *loving kindness meditation*) - soutient non seulement une forme d'altruisme, une attention plus marquée à l'autre, mais renforce aussi la résilience et dès lors la capacité à gérer les situations difficiles. La réponse empathique est donc une étape nécessaire pour comprendre les émotions en jeu, mais c'est votre capacité à transformer cette empathie en compassion qui fait toute la différence.

Si parler d'amour étonne dans un livre sur le leadership, c'est que la gentillesse et la bienveillance n'ont pas toujours bonne presse dans un monde compétitif. Pourtant, veiller à l'autre est la base de la réussite de tous les projets collectifs. Cultiver empathie et compassion au sein de votre équipe est alors un moteur de succès.

La posture du leader-coach

Quand j'ai démarré ma carrière professionnelle, ma perception du «patron» était teintée d'idéal, de naïveté sans doute, d'espoir certainement. Il me semblait évident que mon patron serait la personne qui aurait les réponses aux questions posées et apporterait les solutions aux défis qui se présenteraient. Tous les signaux (visibles et invisibles) entretenaient d'ailleurs cette vision du manager «expert»: une structure très hiérarchisée, une disposition de bureaux ultra codée (le manager avait mérité d'occuper un bureau seul avec une fenêtre ; la promotion suivante lui donnerait accès à une deuxième fenêtre), un processus de décision par étapes et par signatures jusqu'à celle - très convoitée - du patron «expert» et enfin, un système de promotion valorisant chaque année d'expérience comme sésame vers l'étape suivante. Nous étions en 1993, une époque où le téléphone portable n'existait pas, une époque où nous envoyions des fax, utilisions une messagerie informatique via un réseau interne (intranet) mais communiquions surtout en laissant sur les bureaux de nombreuses petites notes manuscrites. Rappelons que c'est en 1990 que Tim Berners-Lee, informaticien anglais, développe le premier navigateur internet, *WorldWideWeb* - appelé à révolutionner tous les domaines de notre vie.

Près de trente ans plus tard, il est évident que le monde ultra connecté et l'économie globalisée ont fondamentalement modifié la perception du patron. La posture du manager expert ne résiste pas à la réalité d'aujourd'hui. Une réalité décrite par l'acronyme anglais VUCA *(volatile, uncertain, complex, ambiguous)* qui appelle surtout à une très grande humilité (tel que souligné dans le premier chapitre). Vous avez très certainement un style de leadership qui vous est propre:

votre façon de motiver, de guider et de diriger votre équipe. De nombreux auteurs ont proposé diverses façons d'identifier les styles de leadership.

La théorie du leadership situationnel a été proposée dès 1969 par Paul Hersey, économiste américain et Kenneth Blanchard, auteur américain spécialiste en management[30]. L'hypothèse de base est que les meilleurs leaders adaptent leur style à la situation, le contexte et l'interlocuteur. Hersey et Blanchard décrivent quatre styles de leadership principaux : directif, persuasif, participatif et délégatif. Quarante années de recherche et d'expérience ont amené Blanchard à remplacer les styles persuasif et participatif par supportif et coaching. Son modèle incite à détecter le niveau de maturité du collaborateur et sa capacité pour une tâche spécifique afin d'ajuster le degré de direction et le soutien à lui apporter. Selon la situation, votre comportement navigue entre le style directif, coaching, supportif et enfin délégatif.

Par exemple, si vous venez d'engager un apprenti pour compléter votre équipe, vous devrez donner des directions claires et précises. Votre niveau de supervision sera plus étroit pour vous assurer que ce nouveau venu comprenne bien les objectifs et vos attentes. Lorsque vous interagissez avec un collaborateur avec lequel vous travaillez depuis dix ans, votre guidance sera très différente et vous déléguerez davantage.

Inspiré par ce modèle d'adaptation à la situation, Daniel Goleman[31] identifie, à l'aube des années 2000, six styles de

---

30 P. HERSEY, K.H. BLANCHARD, "Management of organizational behavior", New Jersey/Prentice Hall (1969).

31 D. GOLEMAN, R. BOYATZIS, A. McKEE, "Primal leadership", Harvard Business School Press (2002).

leadership avec des caractéristiques comportementales spécifiques :

- **Style directif** : le manager dicte ce qu'il faut faire et comment le faire
- **Style chef de file** : le manager donne le ton ; il montre l'exemple d'un haut niveau de performance et attend le même standard de son équipe
- **Style visionnaire** : le manager fédère autour d'une vision inspirante ; il donne le pourquoi, le sens, le cap
- **Style collaboratif** : le manager cherche à créer de la cohésion ; il favorise les interactions
- **Style participatif** : le manager cherche le consensus par la voie démocratique, convaincu de l'intelligence collective.
- **Style coach** : le manager investit sur les personnes et veut avant tout les développer ; il recherche l'autonomie de chacun et la construction d'équipes compétentes.

Précisons d'emblée que ces styles ne sont ni exhaustifs ni exclusifs.

Un bon leader aura tendance à jongler avec plusieurs styles pour mieux s'adapter au contexte et à ses interlocuteurs.

Le mot « style » utilisé à travers ces différentes théories suggère que - tel un style vestimentaire - vous pouvez changer de style comme vous changez de vêtement selon les circonstances et adopter les comportements correspondants. En étant plus alerte et volontariste, vous pouvez développer plusieurs styles de leadership. Tout en restant fidèle à votre « penchant » naturel, avoir accès à une palette plus complète vous permettra d'agir avec plus de conscience.

DIRECTIF

CHEF DE FILE

VISIONNAIRE

COLLABORATIF

PARTICIPATIF

COACH

Portez votre attention vers le moment présent pour vous poser ces quelques questions :

- Quel style j'utilise le plus naturellement ?
- Convient-il à tous dans mon équipe ?
- Quel style pourrais-je renforcer ?
- Quels comportements me permettront de développer ce style plus souvent ?

Le chapitre 5 sur la question du sens reviendra sur le style visionnaire si essentiel dans une période incertaine, où les turbulences de tout ordre sont susceptibles de fragiliser la motivation et l'engagement de vos collaborateurs.

Au mot « style », je préfère la notion de « posture ». Peut-être suis-je influencée par la pratique du yoga dans laquelle le concept de posture (*asana* en sanscrit) est central tout en étant complémentaire à d'autres aspects (respiration, méditation, etc.). Certaines postures de yoga paraissent tout à fait inaccessibles avant de réaliser - mouvement par mouvement - que l'on peut s'en rapprocher. J'aime d'ailleurs rappeler dans mes cours que ce n'est pas tant la posture finale qui est si bénéfique que l'ensemble des mouvements qui tendent vers cette posture finale. Voilà qui nous ramène à notre sujet.

Chacun de vos comportements, vos choix, vos décisions définissent votre « posture » managériale. La perception que vos collaborateurs ont de vous se construit pas à pas, interaction par interaction.

Alors que dans des circonstances exceptionnelles ou crise majeure, le style directif peut être l'option la plus appropriée, la tendance actuelle au sein des organisations encourage clairement à développer la posture du leader coach. Que vous soyez patron de votre restaurant ou directrice générale d'une multinationale, il s'agit de cultiver une attitude qui vise à mettre en valeur les forces de vos collaborateurs, à les soutenir en accompagnant leur développement, à les mettre en position de succès. Favorisant le dialogue constructif, le leader coach est bienveillant et exigeant. Il maîtrise l'écoute active et l'art de donner du feedback constructif. Le leader coach investit du temps dans la relation ; il cherche à faire émerger le meilleur de ses collaborateurs. Il les aide à évoluer vers leurs objectifs, sans pour autant décider à leur place. Sans nier votre responsabilité décisionnaire, vous êtes invité à jouer plus souvent un rôle de facilitateur. Un des points clés dans la démarche du leader coach est de poser des questions - des questions nombreuses, pertinentes et efficaces.

L'art du leader coach c'est de poser une bonne question au bon moment.

Les questions fermées invitent à faire un choix parmi des réponses prédéfinies ; cela tend à recentrer une conversation et peut être utile pour aider à cerner l'information la plus utile.

Face à un collaborateur dépassé par sa charge de travail, des questions fermées l'aideront à cerner des solutions plus immédiates :

- Est-ce le projet A, B ou C qui est prioritaire cette semaine ?
- Avez-vous prévu des plages horaires durant lesquelles vous vous déconnectez de votre messagerie pour pouvoir vous concentrer pleinement ?
- Vous sentez-vous plutôt dépassé ou fatigué ?

Les questions ouvertes élargissent le champ d'exploration ; elles servent à comprendre avec plus de profondeur, à creuser, à faciliter l'expression. Ces questions commencent typiquement par un adverbe ou un adjectif/pronom interrogatif : Quoi, Qui, Où, Quand, Combien, Comment, Pourquoi.

- Comment priorisez-vous les tâches de la semaine ?
- Qu'est-ce qui vous empêche de déléguer davantage ?
- Quelles sont vos options dans cette situation ?

Et enfin, il y a ces fameuses « questions puissantes » qui amènent votre interlocuteur à une prise de conscience constructive. Quand une question posée provoque un déclic, amène l'autre à changer de perspective, à trouver une réponse pour dénouer une situation ou tout simplement à trouver un regain de motivation, alors vous avez adopté avec succès la posture du leader coach.

- Si le plan A n'est pas possible, quoi d'autre est possible ?
- Comment vous sentirez-vous lorsque vous aurez atteint cet objectif ?
- Quel serait le scénario le pire ?
- Y a-t-il une autre solution qui ne saute pas aux yeux immédiatement ?
- Qu'apprenez-vous de cette expérience ?

Attention : une bonne question posée au mauvais moment perdra tout pouvoir.

C'est pourquoi développer votre empathie est le prélude à l'adoption de la posture du leader coach.

Générer de l'enthousiasme en période de turbulences

> *« Il est de la nature de tout enthousiasme de se communiquer et de s'accroître par le nombre des enthousiastes. »*
>
> **Denis Diderot**

Émerveillement, ivresse, véhémence, euphorie, ferveur, passion, dithyrambe, ravissement, enivrement, extase, fougue. À ces nombreux synonymes, j'ai toujours préféré le mot enthousiasme. Le dictionnaire Larousse définit l'enthousiasme comme « une émotion puissante qui s'empare de quelqu'un à propos de quelqu'un ou de quelque chose et qui se manifeste par des signes extérieurs d'admiration ou de contentement. »

Pour un Grec de l'Antiquité, ce terme fait allusion au divin *en-theos*, « avoir un dieu à l'intérieur de soi ». Le poète, l'oracle ou le prophète serait habité par une force qui le dépasse. Tout en laissant à chacun le soin de valider cette connotation divine, je suis particulièrement sensible à ce sens antique et l'idée d'un enthousiasme qui est toujours un dépassement de soi, une sorte de ferveur irradiante.

Contemporain de Diderot (1713-1784), Voltaire (1694-1778) soutient que « rien ne se fait sans un peu d'enthousiasme ». Prendre des décisions fait partie de votre quotidien de dirigeant. Y mettez-vous l'enthousiasme indispensable pour générer l'engagement de toutes les parties prenantes et fédérer votre équipe ? Est-ce que ce feu intérieur irradie ? Dégagez-vous des « ondes positives » contagieuses ?

Nous avons tous le souvenir d'émotions positives intenses collectives : en assistant à un match de foot, à un concert, lors d'événements sportifs. Cet enthousiasme collectif, tel que suggéré par Diderot, est multiplié par le nombre d'enthousiastes.

On parle de contagion émotionnelle[32]. Christophe Haag, chercheur en psychologie sociale et professeur à l'Emlyon Business School, compare même ce phénomène à un virus qui agit en quelques millièmes de seconde. Lors d'une rencontre ou d'une discussion, vous auriez tendance à adopter inconsciemment et automatiquement les expressions faciales, le ton de voix, la posture de l'autre personne. Ce phénomène de mimétisme, inconscient et automatique, est lié à la présence dans notre cerveau de neurones miroirs stimulant les mêmes expressions corporelles que l'autre et qui auront dès lors tendance à générer la même émotion.

32 C. HAAG, *La contagion émotionnelle*, éd. Albin Michel (2019).

La mauvaise nouvelle est que ce phénomène de contagion émotionnelle se manifeste de façon plus marquée lorsqu'il s'agit d'émotions négatives.

Ces dernières s'ancrent de façon plus durable. Tel que cité par le psychologue américain Rick Hanson, le cerveau agit sur les émotions négatives comme du *Velcro* et sur les émotions positives comme du *Téflon*.

Les technologies mobiles et l'hyper-connexion nous faisant vivre en direct et sans recul les drames de ce monde, comprenez dès lors la nécessité de contrebalancer au sein de votre équipe ce «sur-plein» d'émotions négatives.

Déclencher une contagion émotionnelle positive est une responsabilité du leader résilient.

Non seulement pour préserver ou restaurer une atmosphère de travail enthousiasmante, mais aussi - tout simplement - pour réaliser de plus grandes performances. Spinoza (1632-1677) définit les émotions - les «affects» comme il les nomme - comme des états du corps qui augmentent ou diminuent la capacité même du corps à l'action. Il soutient que la joie signale le passage de l'homme d'une moindre à une plus grande perfection. Il présente la joie comme force d'expansion. Il ne s'agit pas de bonheur fugace mais d'un état intérieur à cultiver. Ce qui est vrai sur le plan personnel l'est tout autant sur le plan collectif. Votre capacité à générer de l'enthousiasme, même ou surtout en période de turbulences, est un activateur d'énergie. Pour bénéficier pleinement de la contagion émotionnelle positive, cet enthousiasme doit être authentique. En cette matière, feindre l'émotion n'aura certainement pas le résultat attendu. Votre camp de base, cette capacité à rester calme face à la pression et à maintenir un bon niveau d'énergie, est le terrain fertile pour l'épanouissement de votre enthousiasme.

Cultiver votre joie intérieure, profonde et sincère, est la meilleure façon de générer de l'enthousiasme au sein de votre équipe. Dès lors se pose la question des conditions de votre joie intérieure - celle qui dépend moins des facteurs externes (les autres, les conditions, le contexte) mais plus des facteurs internes (prise de conscience, gratitude, calme). Cet enthousiasme-là est le plus contagieux, le plus bénéfique et le plus percutant. Prendre conscience des conditions qui favorisent l'émergence de la joie au sein de votre équipe est aussi critique. Vous comprendrez rapidement que des actions simples peuvent avoir beaucoup d'impact : célébrer les petites victoires, les étapes vers la réalisation d'un objectif ambitieux, prévoir du temps pour des échanges informels, fêter les anniversaires, saluer chacun en arrivant au bureau ou en le quittant, reconnaître les efforts fournis et remercier l'équipe, etc.

L'enthousiasme collectif, c'est aussi ce sentiment qui domine lorsque l'on vit - ensemble - une *expérience optimale*. Cette expression, inspirée par le concept de *flow* décrit par le psychologue hongrois-américain Mihaly Csikszentmihaly[33] (prononcez : « mi-aïe-tchik-sent-mi-aïe), fait référence à un état positif profondément satisfaisant, vécu en pleine conscience (dans le moment présent) et qui génère joie et créativité. Sur le plan individuel, cela peut être le violoniste qui joue avec brio un morceau complexe après des heures et des heures de pratique. C'est aussi le sportif qui, à l'issue d'une compétition intense, remporte la victoire. Mais c'est également le senti-

33 M. CSIKSZENTMIHALYI, *Flow: the psychology of optimal experience*, Harper Perennial Modern Classics (2008).

ment qui domine lorsque vous atteignez un objectif professionnel significatif, qui vous tient à cœur.

Les chercheurs parlent d'être « dans la zone ». Les investigations de Mihaly Csikszentmihalyi auprès d'athlètes, d'artistes, d'auteurs, de musiciens ou de travailleurs comme vous et moi l'ont amené à démontrer que cet état positif n'est pas dû au hasard et peut être stimulé. Il propose quatre facteurs clés qui créent les conditions pour être dans le *flow* :

1. L'activité ou la tâche est intrinsèquement motivante
2. Les objectifs sont clairs et le feedback est immédiat
3. Les compétences présentes sont à la mesure des défis en jeu
4. La concentration est totale et focalisée sur le moment présent

Lorsque le chef d'équipe comprend (et met en place) les conditions qui favorisent l'émergence d'une *expérience optimale* chez ses collaborateurs, alors l'engagement et la créativité augmentent. La force des émotions positives est telle que cet enthousiasme collectif peut soulever des montagnes !

Henry Ford (1863-1947) disait : « L'enthousiasme est la base de tout progrès ». À l'heure où progresser, sur le plan sociétal, n'est plus un luxe mais un impératif, le leader résilient libère cet enthousiasme personnel et collectif, véritable moteur pour avancer même quand le chemin est semé d'embûches.

Portez votre attention vers le moment présent pour vous poser ces quelques questions :

- Qu'est-ce qui favorise / nuit à mon enthousiasme ?
- Quels sont les facteurs sous mon contrôle qui tendent à augmenter mon enthousiasme ?
- Comment puis-je générer plus d'émotions positives dans l'équipe ?
- Quels rituels positifs pourrais-je instaurer pour contrebalancer un contexte anxiogène ?
- Est-ce que je comprends ce qui permet à chacun dans mon équipe de vivre une « expérience optimale » ?

Communiquer avec optimisme réaliste

Un bon leader est un bon communicateur. C'est une définition réductrice mais qui souligne l'importance pour tout chef d'équipe de communiquer de façon constructive (à bon escient, au bon moment, avec le bon ton) non seulement avec les collaborateurs mais aussi avec toutes les parties prenantes. Cette compétence de communication est d'ailleurs un des facteurs qui distingue le plus le « joueur individuel » du « joueur en équipe ». Dans le sport individuel, par exemple la course à pied, aucun talent de communication n'est nécessaire alors que la capacité à communiquer « en équipe » est un facteur clé de performance dans tous les sports collectifs, comme le football, le hockey ou le volley-ball.

De toute évidence, une communication plus efficace augmente l'impact du leader et la performance de toute une équipe. Nous avons mentionné plus haut les signaux verbaux et non verbaux : au-delà des mots utilisés, votre présence contribue largement à l'impact de votre communication. De façon générale, la communication formelle d'un leader est scrutée, commentée, analysée. Cette pression est sans doute moindre dans une petite structure mais toujours présente. Je me souviens avoir assisté à des réunions de fin d'année à l'école de mes enfants où le message du directeur était l'objet de nombreuses interprétations et observations échangées entre parents et professeurs à l'issue de la présentation. Pour une multinationale cotée en Bourse, inutile de rappeler l'enjeu de chaque communication « officielle » du CEO. Dans ce contexte, l'influence des messages du leader concerne les employés, mais aussi les clients, les partenaires stratégiques, les actionnaires et les médias. Bien communiquer est donc évidemment une compétence de leadership indispensable.

Le patron de Google Belgique depuis 2011 - Thierry Geerts - a partagé dans une interview[34] que, timide de nature, il n'aurait jamais atteint ce niveau de responsabilité s'il n'avait suivi des cours de théâtre durant sa jeunesse. En ressentant l'impact sur son public, il a compris combien la communication était vitale pour être un leader écouté et donc suivi.

Aucune équipe, petite ou grande, n'évolue dans un système fermé. Depuis une trentaine d'années, le rythme des changements s'accélère. L'intégration des nouvelles technologies se généralise dans tous les secteurs. Une crise mondiale, comme la pandémie Covid-19, peut mettre le monde à genou. Dans le contexte global actuel, compte tenu des enjeux majeurs de toutes sortes et de l'interdépendance

34 T. GEERTS, M. VOSSEN, « Merci, c'est lundi », podcast du 30 mars 2021, NGroup.

de multiples facteurs, aucun leader ne peut prétendre avoir les réponses à toutes les questions posées. En revanche, un ensemble de personnes - grâce à l'intelligence collective - est susceptible de faire émerger des solutions hautement innovantes.

Guider une équipe revient à naviguer dans l'inconnu en veillant à son équipage et en gardant un cap. Communiquer avec justesse est encore plus crucial ! Comment faire preuve d'humilité (« moi non plus, je ne sais pas »), tout en démontrant confiance, assertivité et optimisme ? Ce n'est pas un exercice facile. Le pessimiste qui voit tout en noir risque sérieusement de plomber le moral des troupes (voilà un phénomène type de *contagion émotionnelle négative*). L'optimiste excessif, aveuglé par la peur (« je mets mes œillères pour ne pas affronter le danger ou l'inconnu ») ou l'ambition (« rien ni personne ne m'empêchera d'atteindre mon objectif ») est souvent dangereux car ses prises de risque sont disproportionnées et ses décisions déconnectées de la réalité.

Et si, sur l'échelle de l'optimisme, vous développiez votre capacité à communiquer avec *optimisme réaliste* ?

Au Resilience Institute, c'est le terme que nous utilisons pour conjuguer intelligemment humilité, assertivité, courage et ambition. Il s'agit d'être réaliste, très lucide, sur une situation donnée : reconnaître les difficultés, les inconnues, les obstacles et les communiquer explicitement à l'équipe. Dans le même temps, le leader résilient partagera, avec sa tête et son cœur, sa confiance et son optimisme pour relever - en équipe - les défis posés. C'est ça l'optimisme réaliste !

Il est intéressant de noter que ce qui nuit le plus à la résilience, ce n'est pas tant la confrontation aux difficultés mais la peur de l'inconnu. Ceux qui sont très intolérants à l'incertitude sont plus susceptibles de subir une forme de détresse émotionnelle que ceux qui sont plus tolérants. L'incertitude va de pair avec l'anxiété pour de nombreuses personnes. De la même façon, les personnes de nature anxieuse tendent à être moins tolérantes à l'incertitude. Gageons dès lors que parler ouvertement des difficultés au sein de l'équipe permet de lever un voile sur l'inconnu (on n'est pas dans le déni mais au contraire, on reconnaît les obstacles) et dès lors de soutenir la résilience de l'équipe.

Lorsque votre équipe est perçue comme un espace sûr par vos collaborateurs, elle l'est pour vous aussi. Cette sécurité psychologique ouvre également la voie à l'humilité du leader. Avec authenticité et sans perdre votre légitimité, vous pouvez reconnaître vos propres limitations et vous montrer vulnérable face à une situation qui, peut-être, échappe à votre contrôle. C'est dans ces moments-là que l'enthousiasme collectif, cultivé pas à pas au sein d'une équipe, peut soutenir l'assertivité, le courage et l'optimisme nécessaires pour remonter ses manches et, tous ensemble, relever les défis qui se présentent.

Prêt à passer à l'action ? Rendez-vous à la p. 167 pour faire votre choix dans le *Menu pratique*.

CHAPITRE IV

LA RELATION À L'ENVIRONNEMENT

« Il n'y a que deux façons de vivre sa vie : l'une en faisant comme si rien n'était un miracle, l'autre en faisant comme si tout était un miracle. »

Albert Einstein

Comment ne pas s'émerveiller devant un coucher de soleil, le bleu de l'océan, une forêt luxuriante, un cerisier en fleurs au printemps, la majestuosité des montagnes, la naissance d'un petit veau, les tournesols qui se tournent vers la lumière, les couleurs d'un colibri, la lumière phosphorescente des lucioles, l'ingéniosité des fourmis ou la beauté d'un papillon ?

Parfois si immergés dans notre existence moderne, nous passons à côté de ces miracles de la nature. Préoccupés par notre agenda, les horaires de train, notre téléphone, notre ordinateur et nos objectifs de ventes, nous pourrions oublier à quel point la planète Terre est extraordinaire.

De nombreux astronautes ont témoigné que voir la Terre depuis l'espace pour la première fois a suscité en eux une prise de conscience instantanée ; cette perspective leur a permis de réaliser, à un niveau de conscience très profond, combien notre planète est petite, fragile et précieuse. Ils ont appelé cette expérience *« the overview effect »*[35] (en français, « l'effet de surplomb » ou « effet surplombant ») - un choc cognitif, état de clarté mentale soudain, qui éclaire de façon évidente et impérative le besoin de protéger ce « petit point bleu »[36].

Thomas Pesquet, astronaute français, livre ses pensées à ce sujet quelques jours avant le terme de la mission *Proxima* qui l'a emmené dans la Station spatiale internationale durant six mois en 2017 : « On a besoin de toute cette technologie pour arriver ici et comprendre la simplicité des choses : la Terre, le cosmos, la vie comme un ensemble. Difficile de comprendre les frontières, les guerres et la haine. »

Et si nous faisions une pause pour réfléchir à la relation que nous cultivons avec la nature en tant que « leader terrien » ?

Le leader résilient est conscient des enjeux du monde et fait des choix en tenant compte de toutes les parties prenantes - les collaborateurs, les clients, les actionnaires et... l'environnement. Quelle est votre opportunité pour devenir un acteur du changement ? Je vous propose dans ce chapitre un état de situation pour, en connaissance de cause, aborder les solutions qui se dessinent dans le secteur privé et donner quelques exemples d'entreprises qui mettent les enjeux environnementaux au cœur de leur stratégie.

Au fur et à mesure de mes recherches pour l'écriture de ce chapitre, j'ai senti grandir espoir et confiance. Comprendre

---

35 F. WHITE, "The Overview Effect - Space exploration and human evolution", AIAA (1998).

36 "Pale Blue Dot" est le nom donné par l'astronome américain Carl Sagan (1934-1996) à une photo de la Terre prise le 14 février 1990 depuis le vaisseau spatial Voyager 1 à une distance d'environ 6 milliards de kilomètres.

mieux une situation, aussi inquiétante soit-elle, permet de l'appréhender avec lucidité. De là surgit la clarté qui soutient le courage de faire des choix parfois difficiles. Les multiples initiatives en cours pour le climat nourrissent mon optimisme réaliste (tel que décrit dans le chapitre 3), et j'espère le vôtre aussi.

Qu'est-ce que la nature ?

Se poser cette question n'est pas neutre. C'est une vision occidentale du monde qui établit une distinction entre les hommes et les œuvres humaines d'une part, et la nature d'autre part. Dans certaines cultures, les peuples premiers par exemple, ce concept n'existe pas car plantes, animaux et humains sont inclus dans une sphère globale[37]. Perspective bien éloignée de certaines interprétations de la pensée classique judéo-chrétienne pour qui notre espèce, créée par Dieu, n'a pas sa place dans la nature mais au-dessus d'elle. La Lettre encyclique du pape François, *Laudato Si'*[38], adressée en juin 2015, renoue avec le message biblique originel respectueux de la nature[39]. Consacré aux questions environnementales et sociales, et de façon générale à la sauvegarde de ce qu'il nomme « notre Maison Commune », ce texte s'appuie sur une vision systémique du monde et appelle le lecteur à

---

37 P. DESCOLA, *Par-delà nature et culture*, Gallimard (2006).

38 Lettre encyclique *Laudato Si'* du Saint-Père François sur la sauvegarde de la Maison Commune, juin 2015, disponible en ligne : https://www.vatican.va/content/francesco/fr/encyclicals/documents/papa-francesco_20150524_enciclica-laudato-si.html

39 J. BASTAIRE, « L'exigence écologique chrétienne », *Études*, vol. tome 403, n°9, pp. 203-211 (2005).

repenser les interactions entre les êtres humains, la société et l'environnement. Le pape François, à travers cette encyclique, relève l'interdépendance entre toutes les espèces et la planète Terre. Notons d'ailleurs que saint François d'Assise (1181-1226), inspiration du nom choisi par le pape, est souvent considéré comme le « patron des écologistes », défenseur de la nature et ami des animaux. Voilà un pape dont le courage et l'audace - dans une institution vieille de 2000 ans et peu encline aux innovations - sont remarquables !

Certains suggèrent que c'est à l'âge du néolithique, lorsque les populations ont commencé à se sédentariser pour cultiver la terre, il y a à peu près 10 000 ans, que la relation des humains avec la nature a profondément évolué[40]. Nos ancêtres du paléolithique - les chasseurs-cueilleurs - vivaient de chasse, de pêche et de cueillette. Le corollaire du nomadisme, permettant de suivre les troupeaux dans leurs migrations, était une forme d'ascétisme. Il n'y avait aucun intérêt à accumuler des biens ou provisions excessives ; le critère de portabilité des objets était prioritaire. On peut donc supposer que les sociétés de cette période paléolithique vivaient dans un rapport de respect avec les autres espèces et d'adaptation à leur environnement. C'est évidemment une hypothèse très éloignée de la réalité de la société moderne dont les fondements reposent sur l'extraction et l'exploitation au profit de l'Homme.

Cette vision évolutive de la relation Homme-Nature comprend le mot nature dans sa signification extérieure (tout ce qui n'est pas humain et/ou production humaine). Il va de soi que la nature intérieure, la nature humaine, est partie prenante dans cette réflexion.

40 J. DELORD, « L'extinction d'espèce : Histoire d'un concept & enjeux éthiques », Publications scientifiques du Muséum (2010).

La relation avec votre nature intérieure, votre écosystème personnel, influence la relation que vous tissez avec la nature extérieure.

C'est bien pour cela que les chapitres sur la relation à soi et sur la relation aux autres précèdent celui-ci. En bref, cultiver une relation saine avec votre nature intérieure tend à soutenir une relation plus saine avec la nature extérieure. Et vice-versa. Cultiver la relation avec la nature extérieure nourrit un sentiment d'humilité, de responsabilité et de gratitude. C'est même bénéfique pour la santé. Une étude fascinante[41] sur les dossiers médicaux de prisonniers d'un pénitencier du Michigan dans les années 70 a prouvé que le contact visuel avec la nature suffit à procurer des effets positifs : ceux qui, par le hasard de l'architecture, étaient enfermés dans une cellule avec une vue vers un paysage naturel présentaient un risque de souffrir de problèmes de santé 24 % moins élevé que ceux dont la fenêtre donnait sur un mur de briques. Les avancées scientifiques des dernières années démontrent clairement que le contact avec la nature est nécessaire à notre santé mentale. Les Japonais encouragent d'ailleurs la pratique du « *shinrin-yoku* » (« bain de forêt ») scientifiquement reconnue pour ses effets thérapeutiques. Inconsciemment, on retrouverait dans la nature ce qui a permis à notre espèce de survivre et d'évoluer depuis des millénaires. Ce lien avec la nature est à l'origine du concept de *biophilie* (du grec *bio* signifiant « vie », et *philie* signifiant « qui aime ») désignant l'amour viscéral des humains pour le vivant.

---

41 H. FRUMKIN, "Beyond toxicity - human health and the natural environment", American journal of preventive medicine, num 20, pp. 234-240 (2001).

L'évolution de notre société nous aurait-elle déconnectés de ce lien profond avec la nature ? C'est une hypothèse très probable.

Relier tout en distinguant

Quand il s'agit de se figurer la nature, deux représentations dominent et s'opposent : l'une consiste à inclure totalement l'humain dans l'univers, l'autre les sépare.

L'anthropocentrisme met l'homme au centre du monde et le considère séparé de la nature. C'est une position de domination vis-à-vis de la nature. Le biocentrisme, c'est tout le contraire. À cette vision anthropocentrique dont les excès sont destructeurs s'oppose une vision inverse où la nature est sacralisée. Chaque être vivant, humain ou non, mérite respect et considération. L'homme n'est plus au sommet de la hiérarchie du vivant, mais fait partie du tout et n'a pas de place spécifique. Si tout être vivant a droit au respect, il n'y aurait pas de raison de choisir le camp des humains quand ils se trouvent menacés par d'autres espèces. Le biocentrisme est vraiment l'autre extrême… et, comme souvent, les positions extrêmes portent en elles des excès nuisibles.

L'une ou l'autre perception est, d'après le philosophe et sociologue Edgar Morin (né en 1921), le reflet d'une forme de paresse qui vise à simplifier une réalité complexe. Il invite à concevoir l'*unidualité*[42] qui caractérise une relation à la fois d'implication et de séparation entre l'homme et la nature. Il s'agit donc de relier tout en distinguant. Voilà un exercice

---

42 E. MORIN, *La méthode IV. Les idées : leur habitat, leur vie, leurs mœurs, leur organisation*, Seuil (1991).

mental ardu pour une pensée binaire qui tend à dominer dans notre culture occidentale. En revanche, c'est une perspective plus proche du Taoïsme, courant de la pensée chinoise, qui se fonde sur l'existence d'un principe à l'origine de toute chose (appelé *« tao »*) et un sens des équilibres yin yang - à la fois distincts et reliés.

Nicole Huybens[43], psychosociologue, intègre la pensée complexe d'Edgar Morin pour aborder la relation homme-nature à travers une vision écocentrique. L'écocentrisme propose une approche systémique qui inclut les espèces, les communautés d'êtres vivants et les écosystèmes. Cette vision s'appuie sur le constat scientifique que les éléments vivants (biotiques) et non vivants (a-biotiques) interagissent pour former un tout qui a sa cohérence propre. Protéger la biodiversité devient dès lors un enjeu prioritaire car si une espèce disparaît, c'est tout l'écosystème qui est déséquilibré. Ce déséquilibre rejaillit sur nous-mêmes, les êtres vivants. En insistant sur cette interdépendance des formes de vie au sein d'un tout complexe, Nicole Huybens nous invite à respecter les lois de la nature :

« Contempler la beauté du monde, le penser comme un tout et harmoniser les conduites humaines aux lois de la nature sont les piliers de la vision écocentrique. »

Cette notion d'interdépendance est aussi présente dans *la théorie Gaïa* qui étudie toutes les interactions existantes au sein du système Terre. Cette théorie est une évolution de *l'hypothèse Gaïa*, avancée en 1970 par le climatologue anglais James Lovelock (né en 1919) et la microbiologiste américaine

43 N. HUYBENS, *La forêt boréale, l'éco-conseil et la pensée complexe. Comprendre les humains et leurs natures pour agir dans la complexité*, Éditions universitaires européennes (2010).

Lynn Margulis (1938-2011). Selon cette hypothèse controversée (aussi appelée hypothèse géobiochimique), la Terre serait un système physiologique dynamique, qui inclut la biosphère et dans lequel l'ensemble des êtres vivants formerait une sorte de super-organisme - appelé Gaïa - réalisant l'autorégulation de ses composants pour favoriser la vie. Or cette capacité d'autorégulation préservant les conditions propices à la vie serait mise en péril par le réchauffement climatique. Les théories issues de cette hypothèse Gaïa présentent un pronostic alarmant quant à l'avenir de la biosphère et donc de notre espèce.

Comment faire face à la crise environnementale planétaire ? Comment accélérer les changements nécessaires ? Comment passer de la prise de conscience à l'action ? Et vous, vous faites quoi ?

Portez votre attention vers le moment présent pour vous poser ces quelques questions :

- Quand est-ce la dernière fois que je me suis émerveillé face à la nature ?
- Quels sentiments dominent lorsque je suis en pleine nature ?
- Quelle place occupent les enjeux environnementaux dans mes réflexions quotidiennes ?
- Ai-je déjà abordé la question environnementale avec mon équipe ?
- Si ce n'est pas le cas, qu'est-ce qui me freine ?
- Si c'est le cas, comment est-ce perçu par la plupart des collaborateurs ?

Consensus scientifique, des faits et des chiffres

Dans le monde professionnel, le pragmatisme est de mise. J'ai observé dans ma carrière combien les faits - réels et vérifiés - étaient le plus souvent à la source des décisions prises. Admettons donc que, en tant que leader, vous êtes sensible aux faits, aux données, aux informations vérifiées. La résilience invite à la lucidité ; c'est en comprenant une situation, avec le plus de justesse possible, que l'on peut décider de la stratégie à adopter pour rebondir, changer de trajectoire et trouver un nouvel élan. Alors ouvrons les yeux, non pas pour nous laisser envahir par le désespoir ou la culpabilité, mais au contraire pour profiter de notre influence - petite ou grande - et choisir d'aller dans le sens du futur.

En matière d'environnement, le constat est alarmant. Le consensus scientifique ne laisse guère de doute sur un réchauffement climatique dont les conséquences peuvent être dramatiques. L'utilisation et l'exploitation mondiale des ressources naturelles ont progressé à un rythme effroyable depuis les années 50 ; les modes de production, nos modes de vie et plus généralement notre modèle de société ont entraîné des perturbations globales massives : réchauffement planétaire, acidification des océans, chute de la biodiversité (sur terre comme en mer). Le GIEC[44] affirmait dès 2014 que les émissions de gaz à effet de serre générées par la croissance économique et l'augmentation de la population sont responsables de ces dérèglements climatiques.

44 GIEC : Groupe d'experts intergouvernemental sur l'évolution du climat.

« Il est désormais certain à 99,9% que l'homme est la première cause du réchauffement climatique » conclut une étude publiée en 2018 dans la revue *Science*[45]. Le dernier rapport du GIEC paru le 9 août 2021 le confirme : « Il est incontestable que l'influence humaine a réchauffé l'atmosphère, les océans et les terres. »

45 C.Z. ZOU, F. J. WENTZ, S. SOLOMON, G. PALLOTTA, "Human influence on the seasonal cycle of tropospheric temperature", *Science*, vol.361; n°6399 (2018).

La prise de conscience accrue quant à ce phénomène ne laisse plus de place au déni. Pourtant, certains nient l'existence d'un changement climatique ou l'admettent mais refusent de considérer qu'il est le résultat des activités humaines ou qu'il y aura des conséquences dommageables. Ce sont les climatosceptiques. Difficile d'entendre leurs discours populistes, égoïstes et très souvent simplistes. Une étude récente[46] sur un échantillon large (30 pays, plus de 24 000 personnes interrogées) conclut que 8 % de la population ne croit pas au réchauffement climatique. Nettement plus préoccupant : 23 % doute des causes humaines et donc de notre responsabilité. L'étude conclut à une moyenne de 31 % de climatosceptiques dans le monde, particulièrement présents aux États-Unis, en Chine, en Arabie saoudite, en Australie et en Norvège !

En 2015, l'Accord de Paris[47] (adopté lors de la COP21, conférence de Paris sur le climat) formalise une réponse mondiale à la menace du changement climatique ; cette déclaration d'intention (non contraignante juridiquement), signée par plus de 195 pays, vise à maintenir à l'horizon 2100 l'augmentation de la température mondiale à un niveau inférieur à 2 °C par rapport aux niveaux préindustriels et à poursuivre les efforts pour le limiter à 1,5 °C. Un demi-degré qui fait toute la différence car il augmenterait sensiblement le nombre de réfugiés climatiques, de décès, les problèmes sanitaires causés par la chaleur, les risques de maladies comme la malaria et la dengue, les sécheresses, les fortes précipitations, etc.

---

46 Obs'COP 2020, étude consultable en ligne : https://www.edf.fr/observatoire-international-climat-resultats/fr/2020

47 COP21, « Adoption de l'Accord de Paris, Décision 1/CP.21 », Convention cadre des Nations Unies sur les changements climatiques, UNFCCC (2015).

Pour atteindre cet objectif, concrètement, il faudrait que les émissions de CO_2 chutent de 45% d'ici à 2030. La tendance actuelle mène vers un réchauffement de plus de 3°C d'ici à 2100. Il y a donc urgence ! Le Président chinois Xi Jinping a annoncé en septembre 2020 viser la neutralité carbone d'ici à 2060. Cela signifie qu'à cette date son pays ne devra pas émettre plus de gaz à effet de serre que ce qu'il absorbe par le biais de plantations d'arbres ou de technologies pour capturer le CO_2. D'autres pays, tels que le Royaume-Uni, le Japon ou les États-Unis (sous la présidence de Joe Biden) mais aussi l'Union européenne se sont également engagés afin d'atteindre cette neutralité carbone en 2050.

En décembre 2019, Ursula von der Leyen, présidente de la Commission européenne, a dévoilé le plan ambitieux de l'Europe en matière d'environnement : Le « *European Green Deal* » ou EGD[48] (« Pacte vert pour l'Europe ») propose une approche systémique basée sur une croissance économique dissociée de l'exploitation des ressources. En juillet 2021, un arsenal de mesures législatives a été annoncé, incluant notamment la fin des voitures à essence et une taxe kérosène dans le secteur aérien. L'objectif d'ici à 2050 est d'être le premier continent neutre pour le climat (« *carbon neutral* »), avec d'ici à 2030 une réduction de 55%[49] des gaz à effet de serre. Cette feuille de route indique un cap vers une économie durable, équitable et inclusive.

Après des décennies de croissance économique évaluée d'après des indicateurs macroéconomiques réducteurs (PNB)

48 European Green Deal - https://ec.europa.eu/info/strategy/priorities-2019-2024/european-green-deal_fr

49 https://www.climate-kic.org/news/eus-fit-for-55-to-spur-policy-innovation-for-climate-action/

qui ignorent complètement les externalités négatives (impact social ou environnemental), la crise est double : les gains économiques ne profitent qu'à certains et laissent trop de laissés-pour-compte ; en parallèle, l'impact des activités humaines sur le climat et la biodiversité pose un risque réel à la survie de notre espèce. Au-delà d'une vision responsable, le « Pacte vert pour l'Europe » inclut une série de mesures opérationnelles pour passer d'une économie extractive à une économie régénérative. Le plan d'action est destiné à promouvoir une économie propre et circulaire tout en restaurant la biodiversité et réduisant la pollution. L'Union européenne prévoit aussi un soutien financier et une assistance technique pour aider ceux qui seront le plus touchés par la transition vers une économie « verte ». Sans ignorer les failles ou manquements d'une Europe qu'on aimerait souvent plus solide et plus unifiée, j'applaudis cette initiative qui révèle le meilleur côté de cette institution. Lorsque l'intelligence et la créativité sont mises au service d'une cause globale, l'espoir renaît.

D'après l'organisme spécialisé *Climate Action Tracker*[50], si toutes ces promesses sont tenues, le réchauffement pourrait être contenu à 2,1°C d'ici la fin du siècle - soit pas loin mais au-delà de l'ambition de l'Accord de Paris. Mais que valent des promesses à trente ou quarante ans ?

Génération Greta Thunberg

En août 2018, une jeune fille de 15 ans convainc ses parents de l'urgence climatique et décide de sensibiliser le gouver-

50 Climate Action Tracker est une analyse scientifique indépendante qui suit les actions gouvernementales et les progrès en vue de réaliser l'objectif de l'Accord de Paris.

nement de son pays sur ces questions. Elle s'installe devant le Parlement et y passe ses journées avec une pancarte indiquant « grève scolaire pour le climat ». Greta Thunberg (née en 2003), jeune fille suédoise, ignore à ce moment-là que ce mouvement qu'elle démarre va prendre une ampleur planétaire et mobiliser la jeunesse aux quatre coins du globe. Les *« Fridays for Future »* (« Vendredis pour le futur ») - manifestations organisées par les jeunes - se mettent en place rapidement et bénéficient d'un écho médiatique immense. Greta Thunberg devient le symbole de toute une jeunesse consciente des enjeux et résolue à faire bouger les décideurs.

Invitée à rencontrer la plupart des chefs d'État, prenant la parole à de multiples conférences internationales dont le Sommet des Nations Unies pour le Climat à New York en 2019, Greta pointe du doigt la responsabilité des leaders qui font trop peu au regard de l'urgence. Elle les interpelle sans détour et avec fougue. On se souvient de son regard foudroyant lors du discours intense qu'elle donna aux Nations Unies à New York en 2018 « How dare you ? » (« Comment osez-vous ? »). Son style direct ne cachant rien de la colère quant à l'inaction politique lui ont valu autant d'encensements que de critiques. Quoi qu'on en pense, Greta Thunberg aura été le catalyseur d'une prise de conscience sans précédent et aura stimulé une vague d'engagements absolument extraordinaire auprès des jeunes. Ces jeunes qui, demain peut-être, seront vos collaborateurs. Ces jeunes qui sont les leaders du futur et qui veulent un monde plus responsable. Le Magazine *TIME* l'a élue Personnalité de l'année en 2019.

De la prise de conscience à la prise de responsabilité, les entreprises en démarche

La notion de *Responsabilité sociétale des entreprises* ou RSE (aussi appelée Responsabilité sociale des entreprises) est une traduction du terme anglo-saxon *Corporate Social Responsibility* (CSR). Cela désigne la prise en compte volontaire par les entreprises des enjeux économiques, sociaux, environnementaux et éthiques dans leurs activités. Une entreprise qui pratique la RSE a donc l'objectif d'avoir un impact positif sur la société, de respecter l'environnement tout en étant économiquement viable. Ce savant équilibre se construit en partenariat avec ses parties prenantes c'est-à-dire ses collaborateurs, ses clients, ses fournisseurs et ses actionnaires. De façon volontaire, l'entreprise met alors en place des bonnes pratiques ; le modèle de business peut être remis en question pour le rendre compatible avec la lutte contre le changement climatique ou une gestion durable des ressources. La RSE, c'est une nouvelle vision du rôle de l'entreprise et de sa responsabilité dans la société. Cette démarche RSE, bien que volontaire, est de plus en plus incitée voire rendue obligatoire par certaines lois. En France, par exemple, la loi Pacte (Plan d'action pour la croissance et la transformation des entreprises) consacre en 2019 un socle minimal légal d'intégration de ces dimensions RSE dans la conduite des affaires. En avril 2021, la Commission européenne a adopté la proposition de CSRD *(Corporate Sustainability Reporting Directive*[51]*)* qui vise à harmoniser dans les prochaines années le reporting en matière de RSE et à l'étendre à plus d'entreprises européennes dans la perspective de faciliter les investissements sur des critères ESG (Environnement, Social, Gouvernance).

Dans une perspective de croissance sans limite, nous avons atteint des degrés de prélèvement des ressources, de pollution et de déchets sans précédent. L'état des connaissances actuelles montre combien le modèle économique standard n'est pas tenable. Notre vision de la croissance est erronée puisque les mesureurs ne tiennent pas compte de l'impact négatif de l'activité économique - ce qu'on appelle « les externalités négatives » comme la pollution, l'appauvrissement des sols ou encore les conséquences dévastatrices de la déforestation. Nulle trace dans la comptabilité classique du coût pour l'environnement (et donc pour la société). Prenons l'exemple du pétrole : son prix sur les marchés reflète le coût d'extraction mais n'intègre pas le coût de « fabrication naturelle » de cette substance - les millions d'années nécessaires pour que la matière organique se transforme en pétrole. Les arguments en faveur d'une économie régénérative sont de plus en plus nombreux.

---

51 https://ec.europa.eu/info/publications/210421-sustainable-finance-communication_fr#csrd

Le modèle régénératif, inspiré par les organismes vivants observés dans la nature et guidé par un principe de collaboration plutôt que de compétition, promeut une économie locale, une économie d'usage et une économie circulaire.

Certains exemples[52] sont éloquents pour illustrer la pertinence d'une économie d'usage (aussi appelée économie fonctionnelle). En Europe, une voiture est garée et donc inutilisée en moyenne durant 92% de son temps de vie, 31% de l'alimentation est gaspillée et l'espace de bureau est occupé 35 à 50% du temps même durant les heures de travail (à noter : ces statistiques ont été établies avant la pandémie). L'économie circulaire vise quant à elle la réduction, la réparation, la réutilisation, la redistribution et le recyclage des produits et ce, dès leur conception. Le plastique est un bon exemple. Grâce à des innovations en matière de nettoyage, d'emballages intelligents ou de traitement des déchets, on peut drastiquement réduire, réutiliser ou mieux gérer les déchets plastiques. De nouveaux mouvements voient le jour, comme « Circular Economy Switzerland[53] » et tendent à fédérer les entreprises privées et les organisations politiques autour de cet objectif commun : rendre l'économie plus circulaire.

Alors que les actions pour lutter contre le réchauffement climatique se multiplient, les débats se poursuivent aussi autour de cette question environnementale dont les enjeux sont politiques, sociaux, économiques, technologiques, sanitaires et éthiques. À part les climatosceptiques cités plus hauts ou les ignorants, plus personne ne peut prétendre « ne pas savoir ». Un nombre croissant de citoyens se mobilisent

52 Ellen MACARTHUR Foundation, "Growth within: a circular economy vision for a competitive Europe", SUN, McKinsey & Co (2015).

53 https://circular-economy-switzerland.ch/

et les écogestes se multiplient : respecter le tri des déchets, éteindre les lumières inutiles, privilégier la mobilité douce, acheter en vrac pour éviter les emballages, utiliser le chauffage de façon plus pertinente, réduire la consommation d'eau, etc. C'est louable et nécessaire, mais évidemment pas suffisant. Dans ce combat, il va falloir actionner la tripartite - pouvoir politique / pouvoir citoyen / pouvoir des entreprises - pour accélérer la transformation.

Les entreprises peuvent jouer un rôle de premier plan dans ce combat climatique. En tant que leader, quel que soit votre périmètre d'influence, vous pouvez contribuer à cette démarche collective. Le monde professionnel, vivier d'intelligences multiples et de créativité, a une part importante à jouer dans cette course contre la montre.

De plus en plus d'entreprises prennent l'engagement de tendre vers la neutralité carbone d'ici à 2050 - en consommant moins d'énergies fossiles et en compensant ce qui ne peut être supprimé. Sous l'égide des Nations Unies, la campagne « *UN Race to Zero*[54] » (littéralement « la course vers zéro ») suit de façon scientifique ces initiatives issues entre autres des mondes professionnel, politique (villes, états, régions), financier et académique. Cette coalition représente 708 villes, 23 régions, plus de 2000 entreprises, 127 des plus grands investisseurs et 571 institutions académiques. Collectivement, ces acteurs couvrent aujourd'hui 25% des émissions globale de CO_2.

54 UN Race to Zero - https://unfccc.int/climate-action/race-to-zero-campaign

Lorsque de grandes entreprises prennent des décisions structurelles et structurantes positives pour le climat, ça fait bouger les lignes !

Un des leaders de l'assurance et de la gestion d'actifs dans le monde, le groupe AXA fait figure d'exemple : en 2019, le groupe a annoncé une ambitieuse stratégie sur le climat incluant des objectifs alignés avec l'Accord de Paris. Concrètement, le groupe s'engage à orienter les flux financiers vers des investissements dont le « potentiel de réchauffement » est inférieur à la limite de 1,5°C d'ici à 2050. Opérant dans une économie très intensive en énergies fossiles, AXA développe avec des experts[55] des mesureurs et méthodologies pour pouvoir évaluer le « potentiel de réchauffement » de ses actifs et prendre les décisions d'investissement/désinvestissement qui s'imposent.

55 AXA est par exemple membre de la « *UN-convened Net-Zero Asset Owner Alliance* » - fondée en 2019 - et comptant 37 investisseurs institutionnels majeurs fédérant leurs forces afin d'accélérer d'ici à 2050 la décarbonisation de leur portefeuille (ensemble plus de 5,7 trillions de dollars), mesurer et rapporter les progrès tous les cinq ans.

Dans le secteur alimentaire, Danone est aussi déterminé à mener une transition complète vers une économie zéro-carbone. L'objectif de neutralité carbone d'ici à 2050 concerne l'ensemble de la chaîne de valeur ; cela rend Danone responsable des émissions de gaz à effet de serre du cycle de production, depuis les fermes jusqu'aux milliards de consommateurs dans le monde. Comment y parvenir ? D'une part en réduisant les émissions, d'autre part en transformant les pratiques agricoles, en éliminant la déforestation de leur chaîne d'approvisionnement et, enfin, en compensant les émissions qui subsistent.

Les exemples d'entreprises en démarche sont nombreux et sources d'espoir. Ce ne sont pas que des multinationales ou méga-organisations. De nombreuses PME sont aussi dirigées par des leaders, peut-être vous, qui contribuent à cet effort collectif.

> *« Les petits ruisseaux font les grandes rivières »*
>
> **Ovide**

Vos actions pour le climat peuvent inspirer votre équipe. En choisissant par exemple de venir au bureau à vélo plutôt qu'en voiture, en décidant de n'imprimer que sur papier recyclé (ou plus du tout) ou en évitant le système de climatisation, vous sensibilisez vos collaborateurs. Lorsque ces actions sont complètement intégrées dans votre stratégie, alors vous démultipliez l'impact de vos efforts.

En Angleterre, 75% de la population estime que le monde du business a une responsabilité en matière de protection de l'environnement[56]. En automne 2021, un quasi-séisme pourrait bien avoir lieu outre-Manche ! Ce pays pourrait devenir le premier du monde à ratifier une loi obligeant toutes les entreprises à opérer d'une façon bénéfique non seulement pour les actionnaires mais aussi pour toutes les parties prenantes, y compris le climat ! Ce projet de loi (*« The Better Business Act »*) ouvre la voie à un nouveau paradigme : chaque société commerciale, petite ou grande, serait responsable de son impact social et environnemental. Les décisions prises devront intégrer cette perspective multifactorielle, plus que de ne considérer - comme c'est encore bien trop souvent le cas - que l'intérêt des actionnaires. Selon cette loi, chaque entreprise devra partager dans un rapport officiel des indicateurs relatifs à son impact sur les personnes, sur la planète et sur le profit. Soutenu par plus de 500 entreprises (comme The Body Shop, Waitrose, Innocent ou Patagonia), ce projet de loi a été lancé par *B Lab UK*, association qui réunit en Angleterre la communauté croissante des entreprises qui ont obtenu la certification *B Corp*.

Depuis 2006, le mouvement B Corp réunit les entreprises qui veulent faire du business une véritable force pour le bien commun, en poursuivant l'objectif des trois P - intégrant les personnes, la planète et le profit. La certification B Corp, validée via un questionnaire très exigeant (*le BIA : Benefit Impact Assessment*), est octroyée aux entreprises qui intègrent dans leur modèle d'affaires et dans leurs décisions des objectifs sociaux, sociétaux et environnementaux. Les B Corps ont l'ambition d'être les meilleures *pour* le monde plutôt que les meilleures au monde. Difficile de ne pas louer cette intention.

56 Recherche par BBA - https://betterbusinessact.org/

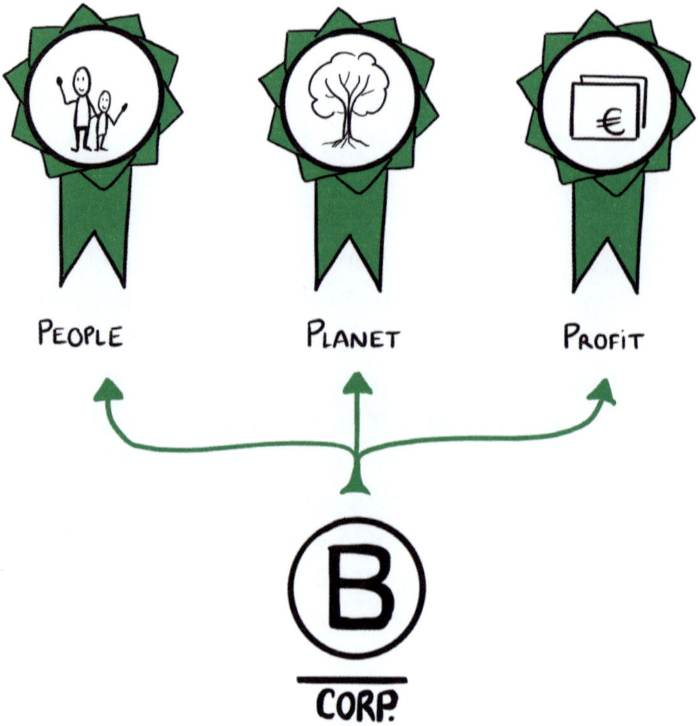

Rose Marcario, ancienne CEO de la marque de vêtements d'extérieur Patagonia, a été une des pionnières à rejoindre ce mouvement. Dès son arrivée dans la société en 2008, elle a évalué les procédés de production de Patagonia et a pris des mesures drastiques pour en réduire l'impact négatif sur l'environnement, en éliminant par exemple les déchets et en réduisant les matériaux d'emballage. Elle estime que le mouvement B Corp est essentiel car le business ne sert pas que les intérêts des actionnaires, mais a aussi une responsabilité envers la communauté et envers la planète. Les valeurs et aspirations de la communauté B Corp sont intégrées dans une « Déclaration d'Interdépendance » signée par les entreprises certifiées qui, conscientes de l'interdépendance qui nous lient, s'engagent à agir de façon responsable envers l'ensemble des parties prenantes et envers les générations futures. Pour obtenir la certification B Corp, les entreprises doivent amender leurs statuts pour exiger de la part du conseil d'administration la prise en compte d'un équilibre entre profit et mission. Cette structure légale s'appelle la « Benefit Corporation » aux États-Unis, la « Società Benefit » en Italie et a inspiré en France la qualité de « Société à mission ».

Des leaders courageux et déterminés à passer de l'intention à l'action ont embarqué leurs équipes dans cette démarche. Près de 4000 sociétés, dans 74 pays, ont été certifiées à ce jour. Bien souvent, ce sont des PME mais certaines multinationales s'engagent activement dans cette voie. Danone a procédé à la certification B Corp de plusieurs de ses entités. Ben & Jerry, filiale de Unilever, est aussi une B Corp.

La Banque suisse Lombard Odier, qui compte 2500 collaborateurs dans le monde, est depuis 2019 une entreprise B Corp déterminée à conjuguer les objectifs financiers avec une mission sociétale. Plus qu'une déclaration, c'est un engagement de respect de critères de soutenabilité dans leurs investissements et de transparence par rapport au suivi des indicateurs d'impact. La Banque promeut une économie circulaire, efficiente, inclusive et propre.

Cette stratégie serait-elle un coup de communication ou du *« green washing »* (« blanchiment écologique »)? Si tel est votre sentiment, détrompez-vous. La certification B Corp, valable 36 mois, n'est octroyée qu'après un examen minutieux par des bureaux indépendants qui s'assurent de l'obtention des points nécessaires sur la base d'un questionnaire très exigeant d'environ 200 questions - le *Benefit Impact Assessment* cité plus haut.

Peut-on conjuguer écologie avec profit ?

Économie et écologie sont souvent perçues comme deux notions opposées. Elles ont pourtant le préfixe « éco » en commun (du grec, *oikos*), qui renvoie à la gestion de la maison. Réconcilier économie et écologie est une nécessité impérieuse afin de fédérer l'ensemble de la société autour des enjeux sociaux et environnementaux actuels.

Un des premiers à envisager l'écologie à travers une perspective de profitabilité, Bertrand Piccard, est convaincu que résoudre la crise climatique se fera à travers la diffusion de technologies innovantes et efficientes qui convaincront les gouvernements et les entreprises à agir. À travers la Fondation Solar Impulse, plus de 1000 solutions « propres et profitables » ont été sélectionnées et évaluées par un panel d'experts indépendants. Du logiciel de suivi de votre empreinte carbone au système de réparation de plastiques usagés, des fermes verticales à la machine à laver les couches-culottes réutilisables, ces innovations issues du monde entier couvrent tous les secteurs. Rassemblées dans un guide[57] disponible en ligne depuis avril 2021, les solutions vérifiées peuvent être déployées à large échelle. De façon pragmatique et pratique, cette initiative veut donner aux dirigeants politiques et économiques des outils pour atteindre les objectifs de neutralité carbone.

Ces exemples concrets et tendances disruptives génèrent une prise de conscience collective. C'est la nécessaire étape pour accélérer la transition vers un nouveau modèle économique, intégrant l'impact social et environnemental. Notre défi à tous est de prendre part à cette transformation.

---

57 Solar Impulse Foundation - site internet et consultation des solutions : https://solarimpulse.com/efficient-solutions

Leader acteur

En tant qu'être humain, nous avons cette capacité extraordinaire de faire des choix conscients. J'insiste souvent sur cette notion de choix conscients qui souligne notre liberté. En conséquence du développement de sa conscience, l'humain est responsable de ses actes. Dans son sens originel, la responsabilité fait valoir la capacité de réponse *(response-ability)*.

Quel que soit votre secteur d'activité ou la taille de votre entreprise - petite boutique, PME ou multinationale - vous avez un rôle à jouer dans la lutte contre le réchauffement climatique. Il en va de l'avenir des générations futures mais aussi de la survie de votre entreprise dans une économie zéro carbone.

L'ampleur des défis exige des leaders de reconnaître leur part de responsabilité dans la situation observée aujourd'hui. Ainsi, le leadership est face à un défi de taille : accélérer la transformation des entreprises pour faire émerger un modèle économique où l'environnement est partie prenante. Le temps où la responsabilité du leader se limite à maximiser les profits est révolu. À vous de choisir : subir ou agir ?

Les initiatives environnementales, les « écogestes », fleurissent dans les entreprises. Inciter au covoiturage, consommer local, supprimer les gobelets en plastique à la machine à café, favoriser les procédés industriels moins polluants sont autant d'actions utiles. Au-delà de ces actions du quotidien, les leaders acteurs sont amenés aujourd'hui à devenir activistes, influenceurs et inspirants.

Tel qu'illustré plus haut par le projet de loi *Better Business Act* en Angleterre, les dirigeants d'entreprise peuvent faire pression pour imposer une législation plus contraignante en matière de protection sociale et environnementale.

Via les associations professionnelles ou les chambres de commerce, les entreprises d'une branche d'activité ont le pouvoir d'exercer une influence sur les pouvoirs publics. En maîtrisant la chaîne d'approvisionnement, il vous appartient d'exiger des fournisseurs d'évaluer leur impact sur le climat et de choisir ceux qui sont dans cette démarche. Enfin, pour renforcer votre impact, communiquer vos efforts en matière environnementale est une façon d'inspirer d'autres leaders à prendre ces mesures. Peter Brabeck-Letmathe souligne bien dans son livre[58] combien la responsabilité sociale d'une entreprise, ce n'est pas distribuer des dons humanitaires ou culturels après avoir maximisé les profits. « On endosse cette responsabilité en intégrant dans la stratégie entrepreneuriale la création de valeurs pour tous. »

> *« Le courage est la première des vertus car elle rend possible toutes les autres. »*
>
> **Aristote**

Être un leader acteur du changement exige courage et détermination. Ce n'est pas la voie la plus facile puisqu'elle intègre une réalité multifactorielle, mais c'est la voie résiliente - celle qui élève et contribue au bien commun.

Pour cultiver votre engagement, échanger avec d'autres qui partagent vos convictions est extrêmement utile. Des associations professionnelles réunissent les dirigeants convaincus de l'urgence de transformer le modèle économique vers un système plus soutenable et respectueux de la planète. Le réseau *Regenerative Alliance*[59], lancé en 2020, soutient les leaders du secteur privé ou public - à travers toutes les indus-

---

58 P. BRABECK-LETMATHE, *Ascensions*, Favre, 2020.

59 Regenerative Alliance - www.regenerative-alliance.org

tries - dans cette transition vers une économie régénérative. En créant un espace d'échanges entre pairs et inspirés par des experts, cette communauté mise sur l'intelligence collective et la collaboration entre ses membres.

La transformation du monde économique est en marche, accélérée par des leaders de plus en plus conscients du devenir du monde. À la lumière des connaissances actuelles, libre à vous de considérer votre relation à l'environnement comme une opportunité dynamique d'enrichissement mutuel. En élargissant vos responsabilités professionnelles pour y intégrer une perspective sociale et environnementale, vous donnez à votre leadership une tout autre envergure. Et soudainement, la question du sens de votre activité professionnelle touche votre cœur de leader !

Portez votre attention vers le moment présent pour vous poser ces quelques questions :

- Est-ce que, dans mon quotidien professionnel, je réfléchis à l'impact sur l'environnement quand je prends des décisions ?
- Que pourrais-je envisager pour être un leader acteur plus engagé ?
- Quels sont les écogestes que j'ai mis en place dans mon équipe ?
- Avons-nous une politique de RSE ?
- Est-ce que nous intégrons des critères d'impact environnemental dans le choix de nos fournisseurs ?
- Est-ce que je communique régulièrement auprès des équipes et vers l'extérieur au sujet de nos engagements climatiques ?

Prêt à passer à l'action ? Rendez-vous à la p. 170 pour faire votre choix dans le *Menu pratique*.

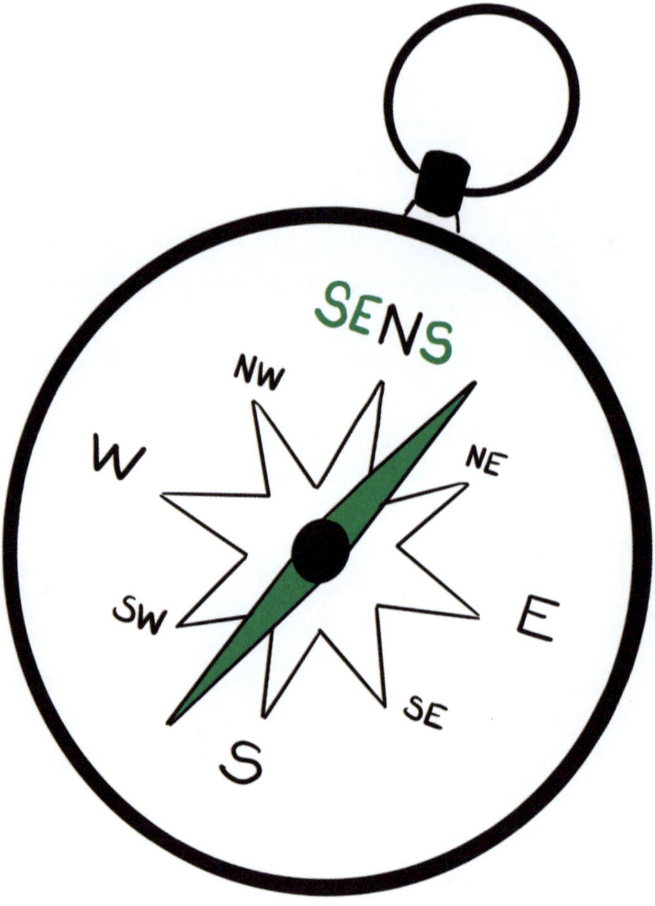
SENS
NW
W
NE
SW
E
SE
S

CHAPITRE V

LA QUESTION DU SENS

« Celui qui a une raison de vivre peut endurer n'importe quelle épreuve, ou presque. »

Friedrich Nietzsche

La quête de sens occupe les hommes et les femmes depuis la nuit des temps. C'est un besoin humain important tant sur le plan individuel que collectif. Fort d'une capacité de raisonnement, l'être humain cherche à comprendre - soi, les autres et l'univers. C'est ce qui pousse à l'introspection et à la recherche de clés qui donnent un sens à l'existence.

Dans ce chapitre, nous partirons de cette démarche personnelle pour ensuite aborder la démarche collective que je vous incite à initier dans votre équipe. Au sommet de la spirale de la résilience décrite dans l'introduction, l'indication « esprit en mouvement » nous rappelle l'importance des valeurs, de l'éthique et du sens - sur le plan individuel mais aussi sur le plan collectif.

Se relier à la question du sens ouvre un niveau de conscience sensible qui éclaire la vie d'une nouvelle compréhension et lui donne une autre dimension. Être un leader résilient, c'est aussi créer un environnement de travail qui favorise la réalisation de la raison d'être de votre entreprise. Encore faut-il l'identifier et s'assurer de l'adhésion de tous autour de cette « cause » qui donne du sens au travail bien au-delà des résultats financiers - nécessaires sans doute à sa réalisation.

Une démarche personnelle

Qui suis-je ? Que faire de ma vie ? Quel est le sens de mon existence ?

Trouver des éléments de réponse à ces questions profondes et intimes est souvent le chemin d'une vie, et ce n'est pas le point central de ce livre. En revanche, tentons ici d'enrichir ce questionnement. Comme en mathématique, bien comprendre la question est la première étape nécessaire pour commencer à y répondre.

Le dictionnaire *Trésor de la langue française*[60] suggère que le sens est tout simplement la manière de comprendre une chose, la signification qu'a une chose pour une personne et qui en constitue sa justification.

Les philosophes entendent par sens « la destination des êtres humains et de leur histoire, la raison d'être de leur existence et de leurs actions, le principe conférant à la vie humaine sa valeur[61] ». La perspective psychanalyste[62] insiste sur le besoin d'intégrer les expériences vécues et de trouver une orientation à sa vie, pour nourrir la quête de sens. Il s'agit d'établir

---

60 TLFi, *Trésor de la langue française informatisé*, http://atilf.atilf.fr/tlf.htm, ATILF/CRNS, Université de Lorraine (1994).

61 N. BARAQUIN, *Dictionnaire de philosophie*, Armand Colin (2011).

62 F. LE HENAND, « La quête de sens », Cahiers jungiens de psychanalyse, vol. 125, n°1, pp19-30 (2008).

des liens entre différents aspects d'une expérience subjective (heureuse ou malheureuse) et inscrire ces éléments dans son histoire personnelle, en les situant dans l'espace et dans le temps (le passé, le présent et l'avenir qui s'ouvre). C'est ce qui leur donne du sens. Ainsi une épreuve douloureuse - par exemple un divorce, une maladie ou la perte de son emploi - peut aussi être la source de certaines évolutions positives comme le rapprochement avec sa famille, la mise en place d'une nouvelle hygiène de vie ou le courage de lancer un nouveau projet professionnel. Et cela peut lui donner un sens.

Pour le psychiatre Viktor Frankl[63] (1905-1997), qui a survécu aux camps de concentration, l'antidote le plus puissant aux maux de notre monde est précisément le sens. Quel pionnier extraordinaire ! L'approche qu'il a créée et diffusée dès 1945, la logothérapie, se distingue de la psychanalyse en s'intéressant à l'avenir du patient plutôt qu'à son passé. La logothérapie se penche tant sur la raison de vivre d'une personne (*logos* en grec signifie « raison ») que sur ses efforts pour en découvrir une. Frankl suggère que ces efforts constituent une force motivante fondamentale. Il a d'ailleurs observé dans les camps que les prisonniers qui avaient survécu étaient le plus souvent ceux qui se projetaient dans l'avenir avec l'espoir de réaliser un projet qui leur tenait à cœur ou revoir ceux qu'ils aimaient. Ceux qui renonçaient, qui n'avaient plus aucun but, se laissaient mourir.

63 V. FRANKL, *Découvrir un sens à sa vie avec la logothérapie*, Les Éditions de l'Homme (2012).

La quête de sens, une tension saine

Certes, la quête de sens peut créer une certaine tension mais celle-ci est, d'après Frankl, indispensable à la santé mentale. C'est précisément la conscience de ce degré de tension entre ce que nous avons déjà réalisé et ce qui nous reste à réaliser, entre qui nous sommes et qui nous aimerions devenir, qui donne du sens.

Ce dont l'être humain a besoin, ce n'est pas de vivre sans tension mais bien de tendre vers un but, de réaliser une mission, de se sentir appelé à accomplir quelque chose.

La santé mentale ne serait donc pas fondée sur un équilibre intérieur dénué de toute tension, mais bien sur le sens attribué à une situation et une démarche dynamique saine qui vise à la réalisation de ce qui nous tient à cœur. Le sens, c'est donc à la fois le but et la direction, le cheminement.

Si l'être humain ne réussit pas à trouver une raison de vivre, cela peut créer un malaise, une sorte de vide existentiel. La logothérapie parle de «frustration existentielle». Cette frustration peut provoquer des névroses dites noogènes; ce sont des névroses qui prennent naissance non pas dans la dimension psychologique de l'être humain, mais plutôt sa dimension noogénique (*noos* en grec signifie «esprit»). La perte de sens est hélas un mal répandu à notre époque et ses manifestations sont la dépression, les addictions ou l'agressivité. La recherche de sens peut aussi être substituée par la recherche de pouvoir qui, poussée à un certain point, peut devenir addictive (par exemple gagner toujours plus d'argent) ou la recherche de plaisirs immédiats (par exemple les achats compulsifs). Autant de compensations qui ne permettent en rien d'avancer vers la découverte du sens de sa vie.

Il n'est pas question ici d'affirmer que la vie a un sens général, qui serait partagé par tous. C'est évidemment très personnel. Inspirée par Viktor Frankl, je suis convaincue que l'on peut attribuer un sens à chaque situation l'existence, à un moment donné. Cela peut être le sens d'un choix. Par exemple, Vincent, ce jeune père qui choisit de prendre trois mois de congé suite à la naissance de son premier bébé pour partager ces moments avec sa compagne. Cela peut être aussi le sens que l'on donne à une période de sa vie ; par exemple, la réalisation d'une ambition professionnelle qui amène Claudia à beaucoup voyager et à accepter les sacrifices que cela engendre. Ou encore le sens d'un projet. Je pense à un voyage de six mois que nous avons réalisé avec mon mari et nos quatre enfants en 2014, en mettant nos carrières professionnelles entre parenthèses (et sans doute aussi en danger) avec l'ambition d'éveiller la curiosité de nos enfants et créer des liens forts entre nous.

La logothérapie enseigne trois avenues principales pour révéler le sens de la vie, découvrir une raison d'être. La première concerne l'accomplissement d'une œuvre ou d'une bonne action. La deuxième consiste à aimer quelque chose (la beauté de la nature, un sport, un art) ou quelqu'un. La troisième, plus difficile à appréhender, suggère de donner un sens à une souffrance inévitable.

Comment trouver la force de vivre au cours des épreuves les plus inhumaines ?

Certains sont amenés à vivre des expériences dramatiques. La perte d'un enfant, la torture, la guerre, la solitude, une maladie incurable, une séparation, une faillite, la liste peut être longue. Face à la tragédie, il reste la liberté ultime : choisir l'attitude que nous adoptons dans les situations que nous sommes obligés de vivre. Il s'agit de transcender l'épreuve. La notion de responsabilité se reflète dans notre capacité de réponse - de donner un sens - à tout ce qui nous arrive, même dans les circonstances les plus difficiles.

Frankl invite à cultiver *l'optimisme tragique*. Reconnaître que l'on peut trouver du sens au milieu du chaos, que l'espoir peut naître des drames, que du positif peut émerger de la souffrance sans pour autant l'effacer. Ce n'est pas du déni ou de la naïveté mais un état d'esprit résilient, déterminé à grandir à travers l'épreuve, à tirer les enseignements de toute situation.

Nous avons certainement des exemples inspirants de personnes qui ont réussi à donner du sens à des tragédies. Je pense à mon amie Laurence Pian qui, suite aux décès de Jan et Oscar - deux de ses quatre enfants - lors du tsunami en Thaïlande en 2004, a créé la Fondation Jan & Oscar pour soutenir des projets visant à la scolarisation d'enfants défavorisés en Thaïlande. Même si la blessure reste béante pour le cœur d'une maman, la réponse que Laurence a apportée à ce drame en créant la Fondation est une magnifique illustration de la capacité à transcender une souffrance inévitable pour trouver une voie vers l'espoir.

Le sens ou la raison d'être est comme un phare qui vous éclaire même dans les périodes les plus sombres. C'est ce qui génère les émotions positives qui font avancer et vous donne le courage de faire face à l'adversité. La recherche a même pu démontrer que celles et ceux qui avaient conscientisé une raison de vivre avaient tendance à vivre plus longtemps, en meilleure santé physique et mentale[64].

Au Resilience Institute, nous avons observé à travers nos travaux de recherche qu'avoir un but, une raison d'être, était l'un des facteurs clés de résilience pour les personnes. Lorsque la raison d'être sert une cause qui dépasse l'individu, crée de la valeur au-delà de soi ou pour la société au sens large, alors son pouvoir est démultiplié.

Casseur de pierres ou bâtisseur de cathédrale ?

Pourquoi se lever chaque matin pour aller travailler ? Reconnaissons-le d'emblée : pour beaucoup, travailler c'est « gagner sa vie » pour payer ses factures, avoir un toit, remplir son frigo, s'offrir des loisirs, etc. C'est la première motivation qui pousse à aller travailler chaque matin, même si parfois on n'en a pas envie. La seconde motivation est sociale. Le travail nous procure un statut et des contacts humains. C'est d'ailleurs la

64 ASSOCIATION FOR PSYCHOLOGICAL SCIENCE, "Having a sense of purpose may add years to your life", Science Daily (2014).

limite du télétravail qui réduit considérablement les contacts et diminue dès lors le pouvoir de ce levier de motivation. La troisième motivation est liée au plaisir intrinsèque - faire des choses qui vous intéressent, qui ont du sens à vos yeux. C'est ce qui justifie par exemple le travail de bénévolat pour lequel le volet financier n'est pas le moteur.

Nous sommes souvent conditionnés pour voir le monde du travail par le biais de la composante financière ; c'est normal que l'argent soit un critère important car cela correspond à ce besoin de sécurité illustré dans la pyramide de Maslow. En revanche, penser l'argent comme une finalité plutôt que comme un moyen de réaliser ses aspirations peut mener à de grandes désillusions. C'est une forme de distorsion de la réalité.

Vu le temps passé à travailler, rien d'étonnant que nous soyons en quête de sens aussi dans notre travail. Le sens repose sur le vécu, la perception et l'interprétation de l'expérience professionnelle. Pour que le travail ait un sens, il doit vous procurer de la satisfaction, correspondre à vos intérêts ou aspirations, faire appel à vos compétences ou stimuler votre potentiel.

Prenons l'exemple de Julien, passionné par les arts, qui a accepté un travail d'employé de commerce, plus conforme aux attentes de ses parents qu'à ses propres aspirations. Julien n'aime vraiment pas son travail tout en y consacrant cinq jours sur sept. Ses journées ne lui procurent que peu de satisfactions et il n'approuve pas les pratiques mises en place par son patron. Petit à petit, son moral décline. Le jour où Julien prend conscience de ce à quoi il aspire profondément et les valeurs qui l'attirent, il change de métier et rejoint l'équipe de communication d'un centre culturel ; sa vie change radicalement car son travail plus en phase avec ses aspirations personnelles a maintenant du sens à ses yeux.

Pourquoi se lever chaque matin pour aller travailler ? Répondre à cette question est un processus de réflexion qui consiste à définir un objectif ou une cause qui donne du sens à votre travail. Au Japon, le concept d'ikigai fait référence à la raison d'être. Littéralement, *iki* signifie « vie » et *gai* veut dire « qui vaut la peine ». C'est donc une vie qui vaut la peine, dans laquelle on est aligné avec soi-même. Sur le plan professionnel, cette philosophie suggère qu'un travail qui a du sens serait celui qui permet l'équilibre entre quatre composantes :

Lorsque vous avez une responsabilité managériale, il ne s'agit pas que de votre travail mais de celui de toute une équipe.

Dans son livre *Commencer par pourquoi*[65], Simon Sinek indique comment les grands leaders inspirent leurs équipes. Il démontre qu'en étant capable de formuler clairement *pourquoi* une entreprise/une équipe/une activité existe, un leader crée une motivation puissante et un engagement élevé au sein de son équipe.

Plongeons-nous un instant dans la fable du casseur de pierres attribuée au poète français Charles Péguy (1873-1914) afin de percevoir à quel point le sens du travail peut être perçu différemment selon les personnes.

En se rendant à Chartres, Charles Péguy aperçoit sur le bord de la route un homme qui casse des cailloux à grands coups de maillet. Les gestes de l'homme sont empreints de rage, sa mine est sombre. Intrigué, Péguy s'arrête et demande :

« Que faites-vous, Monsieur ?

- Vous voyez bien, lui répond l'homme, je casse des pierres.

Malheureux, le pauvre homme ajoute d'un ton amer : « J'ai mal au dos, j'ai soif, j'ai faim. Mais je n'ai trouvé que ce travail pénible et stupide. »

Un peu plus loin sur le chemin, notre voyageur aperçoit un autre homme qui casse lui aussi des cailloux. Mais son attitude semble un peu différente. Son visage est plus serein, et ses gestes plus harmonieux.

« Que faites-vous, Monsieur ? » questionne une nouvelle fois Péguy.

- Je suis casseur de pierres. C'est un travail dur, vous savez, mais il me permet de nourrir ma femme et mes enfants. »

65 S. SINEK, *Commencer par pourquoi*, Performance ED (2015).

Reprenant son souffle, il esquisse un léger sourire et ajoute : « Et puis allons bon, je suis au grand air, il y a sans doute des situations pires que la mienne. »
Plus loin, notre homme rencontre un troisième casseur de pierres. Son attitude est totalement différente. Il affiche un franc sourire et il abat sa masse, avec enthousiasme, sur le tas de pierres. Pareille ardeur est belle à voir !
« Que faites-vous ? demande Péguy.
- Moi, répond l'homme, je bâtis une cathédrale ! »

Que répondraient vos collaboratrices ou collaborateurs à ces deux questions : Que fais-tu comme travail ? Pourquoi travailles-tu dans cette équipe ?

Toute personne sera en mesure de répondre facilement à la première question ; plus rares sont celles ou ceux qui parviennent à formuler clairement ***pourquoi*** elles font ce travail.

Et si clarifier la raison d'être de votre entreprise ou de votre équipe était un puissant levier pour créer un sentiment d'appartenance, pour soutenir la performance et pour renforcer la résilience collective ? Et si c'était aussi une façon d'attirer les meilleurs talents et les retenir ? Et si identifier une raison d'être au-delà des résultats financiers était une façon de contribuer à la société, créer une valeur sociétale ? Et si finalement cela donnait soudainement un tout autre sens à votre rôle de leader ?

À travers l'Histoire, les plus grands leaders ont démontré que pour susciter le changement en soi, au sein d'une communauté ou dans la société, il fallait donner du sens au changement, identifier une raison d'être qui permet de déplacer des montagnes. La raison d'être, c'est l'étincelle qui soutient la vision, la confiance, la détermination et l'énergie de poursuivre sa route.

Si le sens de votre travail répond à la question du « pourquoi », alors vos valeurs répondent à la question du « comment » . Comment tendre vers ce but ? Telle une boussole, les valeurs indiquent l'orientation la plus cohérente. Collectivement, les valeurs expriment la façon de travailler ensemble. Au sein de l'équipe, les choix importants sont beaucoup plus faciles à faire et les résultats plus épanouissants, lorsque les décisions sont évaluées à partir d'une matrice de valeurs bien comprise. Attention, ne tombez pas dans le piège des beaux mots affichés sur les murs d'une réception mais vides de sens. Au-delà des concepts, il s'agit de traduire ces valeurs en actions ou comportements attendus. Qui mieux que vos collaboratrices et collaborateurs pour transformer des concepts en actions concrètes qui les concernent ? Prenez le temps d'y réfléchir collectivement et laissez-vous surprendre par la créativité de tous pour identifier ces valeurs-actions qui seront propres à votre équipe.

Voici quelques exemples de valeurs-actions. Notez que c'est tout à fait subjectif et n'est pertinent que si cela résulte d'une réflexion collective.

- Diversité → « Nous accueillons et valorisons les opinions diverses dans l'équipe »
- Innovation → «Nous stimulons les idées nouvelles et les modes de pensées hors du cadre »
- Bienveillance → « Nous respectons chacun et prenons soin des relations internes et externes à l'équipe »
- Responsabilité → « Nous assumons la responsabilité de nos actes »
- Sécurité → « Nous respectons les procédures de sécurité pour le bien de tous »

Portez votre attention vers le moment présent pour vous poser ces quelques questions :

- Qu'est-ce qui me motive à aller travailler chaque matin ?
- Ai-je trouvé mon *ikigai* ?
- Quelle est la raison d'être de mon entreprise (ou de mon équipe) ?
- Suis-je capable de répondre à cette question avec clarté et de façon inspirante ?
- À quelle fréquence est-ce que je rappelle cette raison d'être lors de nos réunions d'équipe ?
- Quelles sont les valeurs-actions qui guident nos comportements au sein de l'équipe ?

La raison d'être au bénéfice de tous

En 2015, afin de répondre aux preuves implacables que le monde a besoin d'une approche plus durable, l'ensemble des États membres des Nations Unies adoptent officiellement 17 objectifs à atteindre d'ici à 2030, les « *Sustainable Development Goals* » ou SDGs (en français « Objectifs de développement durable », ODD). La résolution adoptée le 21 octobre 2015 et articulée dans un document de 38 pages[66] détaille un programme ambitieux qui vise à transformer le monde - ni plus ni moins.

66 Résolution adoptée par l'Assemblée générale des Nations Unies le 25 septembre 2015, « Transformer notre monde : Programme de développement durable à l'horizon 2030 » : https://undocs.org/fr/A/RES/70/1

Ce plan d'action défie le modèle économique mondial qui repose sur la création de toujours plus de richesses matérielles, pour implémenter un développement plus durable pour tous - sur le plan économique, social et environnemental. Dix-sept objectifs donnent la marche à suivre pour répondre aux défis liés à la pauvreté, aux inégalités, au climat, à la dégradation de l'environnement, à la prospérité, à la paix et à la justice.

Les SDGs rappellent les interconnexions entre tous les secteurs et l'urgence de fédérer toutes les parties pour accélérer une transformation sociétale nécessaire. Les entreprises sont appelées à faire leur part et contribuer à faire émerger un futur durable pour tous.

Appel entendu par certains leaders qui dès 2015 repensent leur raison d'être pour la faire converger vers les SDGs.

En août 2018, le « *Business Roundtable* » - un groupe de dirigeants des 200 plus grandes entreprises américaines (qui comptabilisent ensemble plus de 20 millions d'employés) - fait une annonce remarquée et remarquable[67]. Ce groupe influent affirme que la raison d'être d'une organisation doit servir les intérêts de toutes les parties prenantes - clients, employés, fournisseurs, communautés et actionnaires - et créer de la valeur partagée. Pavé dans la mare, cette annonce secoue les principes de gouvernance traditionnels basés sur la primauté des actionnaires. C'est un bond en avant dans la progression du concept de responsabilité sociale d'entreprise (RSE). Cela affirme le rôle essentiel que les organisations peuvent jouer au sein d'une société, lorsque ses dirigeants sont guidés par le souci de répondre aux aspirations de toutes

67 Engagement du Business Roundtable : https://opportunity.businessroundtable.org/ourcommitment/

1. PAS DE PAUVRETÉ
2. FAIM ZÉRO
3. BONNE SANTÉ ET BIEN-ÊTRE
4. ÉDUCATION DE QUALITÉ
5. ÉGALITÉ DES SEXES
6. EAU PROPRE ET ASSAINISSEMENT
7. ÉNERGIE PROPRE À UN COÛT ABORDABLE
8. TRAVAIL DÉCENT ET CROISSANCE ÉCONOMIQUE
9. INDUSTRIE, INNOVATION ET INFRASTRUCTURES
10. INÉGALITÉS RÉDUITES
11. VILLES ET COMMUNAUTÉS DURABLES
12. CONSOMMATION ET PRODUCTION DURABLES
13. LUTTE CONTRE LES CHANGEMENTS CLIMATIQUES
14. VIE AQUATIQUE
15. VIE TERRESTRE
16. PAIX, JUSTICE ET INSTITUTIONS EFFICACES
17. PARTENARIATS POUR LA RÉALISATION DES OBJECTIFS

les parties prenantes. Les entreprises signataires s'engagent à ne pas servir que les actionnaires, mais à créer de la valeur pour leurs clients, à investir dans la formation des employés, à traiter les fournisseurs avec éthique et respect, à soutenir les communautés dans lesquelles elles opèrent.

La «raison d'être» serait-elle un terme à la mode, un concept de passage, une préoccupation de luxe ? Ou alors un enjeu stratégique crucial ? Les recherches de plus en plus nombreuses tendent à indiquer que clarifier la raison d'être d'une entreprise - petite ou grande - a de multiples bienfaits, y compris sur la performance.

Lorsque la raison d'être est au cœur de l'action, cela influence les décisions prises à tous les niveaux. Une étude par le cabinet Deloitte[68] a montré que les entreprises qui sont restées fidèles à leur raison d'être durant la pandémie Covid-19 ont renforcé le lien de confiance avec leurs clients ; 79% des personnes interrogées (sur un large échantillon global de plus de 2500 personnes) se souviennent des marques qui ont soutenu leurs clients, leurs employés ou leurs communautés durant la crise. Cela peut se manifester de multiples façons : la banque qui octroie un délai de paiement supplémentaire, l'hôtel qui offre des nuitées au personnel hospitalier qui a été au front pendant de si longs mois ou la salle de concert qui se transforme en centre de vaccination. Lorsque la réponse à une crise est alignée avec une raison d'être qui fait le lien entre l'entreprise et son rôle dans la société, c'est tout bénéfice pour tous ! Cette même étude montre que les organisations guidées par une raison d'être sociétale sont 30% plus innovantes que les autres. En plus d'attirer les meilleurs,

---

68 S. KOUNKEL, A. SILVERSTEIN, K. PEETERS, "Purpose: Built to flourish", Deloitte Global Marketing Trends Report (2021).

ces organisations enregistrent un taux de rétention de leurs talents 40% plus élevé que leurs concurrents.

Notez aussi que les jeunes professionnels sont de plus en plus sensibles à ces questions. Les générations sont naturellement conditionnées par le contexte dans lequel elles évoluent. Pour la génération des *baby boomers* (personnes nées entre 1940 et 1959), marquée par l'après-guerre, il fallait avant tout assurer un certain confort matériel. La génération X (personnes nées entre 1960 et 1979) tend à affirmer son statut à travers ses choix de consommation alors que les milléniaux - aussi appelée génération Y[69] (les personnes nées entre le début des années 80 et la fin des années 90) sont à la recherche d'expériences et de sens. Une étude suggère que 75% d'entre eux sont prêts à gagner moins pour un travail qui sert une cause sociétale. Ceux-ci lisent les déclarations de mission et de valeurs des entreprises pour orienter leur recherche d'emploi. Cette tendance est encore plus forte auprès de la génération Z (les personnes nées après 1995). Ces jeunes, qui font leur entrée sur le marché du travail, veulent intégrer des organisations socialement responsables.

Démontrer que votre activité professionnelle a du sens et « fait du bien » à autre chose qu'au porte-monnaie est aujourd'hui indispensable pour motiver ces jeunes, qui d'ici à 2025 représenteront 75% de la main-d'œuvre !

Faut-il sacrifier la performance pour le sens ? Absolument pas !

La rentabilité financière à long terme des sociétés qui décident de servir l'ensemble des parties prenantes à travers leurs activités est plus élevée que celles dont le modèle, le

---

69 A. PETERS, "Most millennials would take a pay cut to work at an environmental responsible company", Fast Company (2019).

plus souvent basé sur le court terme, ne sert que les actionnaires[70].

Les organisations guidées par une raison d'être sociétale réalisent de meilleures performances, attirent et retiennent les talents, tout en augmentant l'engagement des employés et la satisfaction des clients. Tout le monde y gagne.

Clarifier la raison d'être de votre entreprise ne suffit pas ; si cela reste un simple slogan, cela n'impactera que très faiblement (ou pas du tout) votre équipe. Entreprendre des actions concrètes en vue de la faire vivre prouve la cohérence et l'authenticité de la démarche. Alors la raison d'être devient un instrument puissant, un compas pour faire les choix stratégiques et guider les décisions managériales. Ce n'est pas prétendre changer le monde mais c'est choisir d'amplifier l'impact positif du travail de toute votre équipe. Ce qui est démontré dans les grandes organisations est aussi vrai pour les petites entités : le sens sert la performance, tout en générant de multiples bienfaits décrits plus haut.

Comme toute question existentielle, prendre le temps de la réflexion est crucial pour y répondre correctement. Quel est l'impact de vos activités sur la société au sens large mais également plus directement sur vos clients, les fournisseurs, la communauté dans laquelle vous opérez ? Est-ce une affirmation, une déclaration univoque de la direction ? Quelle serait la valeur d'une raison d'être d'une équipe à laquelle ses propres collaborateurs ne croiraient pas ? En revanche, répondre collectivement à la question du « pourquoi notre équipe existe » est un puissant révélateur d'énergie et de créativité. Impliquer vos collaborateurs dans cette réflexion est la meilleure façon de susciter leur adhésion à un objectif commun. Au-delà

70 D.J. FERRAN, K. SPERRY, "The Torrey Project" (2019).

de ce que vous fabriquez comme produits ou délivrez comme service, réfléchissez à ce qu'il y a de plus essentiel au cœur de votre activité.

Le groupe d'assurances AXA a dévoilé sa raison d'être en 2020 : « Agir pour le progrès humain en protégeant ce qui compte ». Luminus filiale belge de EDF active dans la production et la distribution d'énergie, communique clairement son ambition : « Construire un avenir énergétique neutre en CO_2 conciliant préservation de la planète, bien-être et développement grâce à l'électricité et à des solutions et services innovants ». Danone tend à « Apporter la santé par l'alimentation au plus grand nombre ». La raison d'être du groupe chimique Solvay est de « Unir les personnes, les idées et les éléments pour réinventer le progrès ». L'opérateur français en télécommunications Orange a inscrit sa raison d'être dans ses statuts en 2019 : « Être un acteur de confiance qui donne à chacune et chacun les clés d'un monde numérique responsable ». Cette vision ne vient pas de nulle part ; elle a été co-construite en 2019 en impliquant les salariés du groupe tout entier.

En se dotant d'une raison d'être, une entreprise s'inscrit dans un projet de société et explicite le rôle qu'elle va y jouer – au-delà de sa seule activité économique. Dans un contexte où le capitalisme touche ses limites et doit converger vers un intérêt sociétal, la raison d'être devient une question centrale.

Pas seulement pour les grands groupes ou multinationales, mais aussi pour les plus petites structures. Pour le menuisier, cela peut être la promesse de contribuer au bien-être des clients tout en valorisant l'artisanat local et traditionnel. Pour une coiffeuse dans un salon, le sens de son travail pourrait être de créer un moment de détente et redonner confiance à ses clients. Le sens de l'engagement d'un directeur d'école, au-delà de la transmission des connaissances, peut être d'éveiller la curiosité et préparer les générations futures à être des acteurs responsables.

Quel est le sens de votre travail et la raison d'être de votre équipe ? Le leader résilient est conscient des enjeux du monde et, quel que soit son périmètre d'influence, se pose la question du sens. Une fois établie et articulée de façon compréhensible, il vous faut faire rayonner cette raison d'être au sein de votre écosystème, en l'explicitant à l'ensemble des parties prenantes. C'est une invitation à rappeler régulièrement à tous quel est le sens de votre activité et en quoi les décisions de l'équipe honorent cette raison d'être.

Depuis mai 2019, en France, la loi PACTE (citée dans le chapitre précédent) donne la possibilité aux entreprises d'inscrire dans leurs statuts leur mission sociétale. Ces « entreprises à mission », en plus de leur raison d'être, clarifient aussi leurs objectifs environnementaux et/ou sociaux tout en fixant une procédure pour suivre les progrès. La poursuite de sa mission sociétale n'est pas en contradiction avec la recherche de profit. C'est une façon de contrecarrer le court-termisme qui guide trop souvent les décisions des actionnaires, et de mettre la performance économique au service du bien commun. Danone géant laitier a été en 2020 la première entreprise cotée en bourse à choisir ce modèle de société.

En dotant votre équipe d'une raison d'être qui élargit son champ d'action vous soutenez la résilience collective. C'est à la fois un ancrage qui permet d'affronter les périodes plus difficiles en « gardant le cap », et une aspiration à jouer un rôle sociétal positif qui élève l'ensemble de l'équipe.

« La raison d'être d'une organisation est de permettre à des gens ordinaires de faire des choses extraordinaires. »

Peter Drucker

Ce que le leader laisse en héritage

Mon travail de consultante et coach professionnelle depuis 2008 m'a énormément inspirée pour de multiples raisons. J'ai observé des tendances similaires au fur et à mesure des conversations avec des leaders issus de cultures, secteurs, contextes et milieux sociaux variés. En créant un espace de réflexion constructive, la notion de temps s'élargit : on repense au passé et ce qu'il nous apprend ; on se projette dans l'avenir et ce qui nous attend. Lorsque le sujet de l'héritage du leader intervient, c'est un point de bascule dans la discussion. La marque durable laissée par un leader se mesure à l'héritage qu'il lègue. Un héritage est un « bien » transmissible. Sans nier son importance, je ne parle pas de l'héritage *matériel* - quitter un poste bien géré, transmettre une entreprise financièrement saine, générer des profits, etc. - mais plutôt de l'héritage immatériel ou *spirituel* tel que nous le décrivons au Resilience Institute. « Mettre son esprit en mouvement » est le 7e pilier de la résilience personnelle (voir chapitre 2) ; c'est ce qui relève de l'éthique, des valeurs et du sens.

Penser à ce que vous laisserez à votre équipe ou à la société, imaginer votre rôle au-delà de votre intérêt immédiat, c'est élever le débat. C'est reconnaître votre influence au-delà de votre propre personne. Bien évidemment le PDG d'une multinationale touche des milliers de personnes par ses décisions. Vous n'êtes pas PDG mais avez « simplement » la responsabilité d'une équipe ou d'une petite entreprise ? Ne sous-estimez pas l'impact que vous aurez auprès de tout votre écosystème directement ou indirectement : vos collègues, collaborateurs, clients, fournisseurs mais aussi la nature environnante. Comprendre votre impact fait de vous un leader plus conscient, plus responsable, plus résilient. En vous préoccupant du bien commun et en ayant le souci de laisser un héritage positif, vous prendrez davantage soin des relations et ferez des choix cohérents avec la raison d'être de votre activité.

Le leader résilient veille avant tout à inspirer par sa cohérence personnelle, en guidant par l'exemple. Il crée cet espace sûr qui permet, au sein de l'équipe, un dialogue constructif autour de la question du sens. Il implique les collaborateurs pour clarifier la raison d'être de l'équipe et le sens du rôle de chacun. Pensez à ce casseur de pierres : s'il avait perçu sa contribution à un projet d'envergure plus large, à une réalisation collective majeure et en phase avec ses aspirations, n'aurait-il pas été plus épanoui et engagé ? L'alignement entre le sens « individuel » (le sens de mon rôle) et le sens « collectif » (la raison d'être de l'équipe) crée la résonance qui est source d'innovation et de performance durable.

Prêt à passer à l'action ? Rendez-vous à la p. 171 pour faire votre choix dans le *Menu pratique*.

MENU PRATIQUE

« Choisis toujours le chemin qui semble meilleur même s'il paraît plus difficile : l'habitude le rendra bientôt agréable. »

Pythagore

Dans ce dernier chapitre, j'aborde un sujet qui m'est cher : le passage à l'action. Si vous avez lu cet ouvrage, c'est que vous êtes sensible aux évolutions actuelles et ressentez que des changements se mettent en place. De plus en plus d'organisations comprennent que de nouvelles compétences sont nécessaires, mais ne parviennent pas à les diffuser ou sont encore terriblement conditionnées par l'ancien paradigme qui n'est plus à la hauteur des enjeux du monde d'aujourd'hui. De nombreux leaders savent qu'il faut changer quelque chose, mais ne savent pas par où commencer.

Dans votre rôle managérial, vous êtes conscient que vos choix, vos attitudes, vos comportements, vos décisions ont un impact qui dépasse votre propre personne. Il s'agit donc d'inspirer et de montrer l'exemple. Les compétences de résilience peuvent s'apprendre, s'entraîner et se cultiver. Mais adhérer à un concept ou une idée ne suffit pas. L'action est cruciale pour faire progresser votre *Quotient résilience* ; elle précède le changement et amène les résultats. Tout comme être conscient des bienfaits de l'exercice physique mais n'en faire aucun ne renforcera pas vos muscles, en matière de résilience aussi, la prise de conscience est nécessaire mais insuffisante. Il ne peut y avoir de résultat sans action. Sans action, les rêves et les ambitions demeurent des rêves et des ambitions.

De l'intention à l'action

Êtes-vous parfois dépassé par l'ampleur de la tâche ? Frustré par la lenteur des changements face à l'urgence des transformations nécessaires dans votre entreprise et dans le monde ? Avez-vous tendance à culpabiliser ou dramatiser la situation actuelle ? Certes, les informations anxiogènes, tristes ou déprimantes peuvent provoquer repli sur soi, colère, déni ou anxiété. C'est à ce moment-là qu'il convient de se retrousser les manches et faire le choix de la résilience.

Par définition, un leader guide et influence dans une zone d'influence plus ou moins large. Cette zone d'influence démarre par soi (le leadership de soi), ce qui fait de chacun de nous tous des leaders, même sans équipe à guider.

Dans son livre devenu best-seller, *Les 7 habitudes de ceux qui réalisent tout ce qu'ils entreprennent*[71], Stephen R. Covey (1932-2012) distingue les personnes proactives qui se concentrent sur ce qu'elles peuvent faire, changer ou influencer, des personnes réactives qui concentrent leur atten-

71 S.R. COVEY, *The 7 habits of highly effective people*, Simon and Schuster (1989).

tion sur ce qu'elles ne peuvent pas contrôler. Il définit ainsi le cercle des préoccupations comme l'ensemble des événements ou éléments sous notre contrôle et ceux sur lesquels nous estimons n'avoir aucune influence. Selon la personne, la liste sera plus ou moins longue : la météo du jour, l'état de l'économie, ce que font vos collègues (ou ce qu'ils ne font pas !), le réchauffement climatique, les décisions politiques, etc. Le cercle d'influence inclut tout ce sur quoi vous estimez avoir une influence. Bien entendu, l'étendue de ce deuxième cercle varie aussi selon votre position : le Président des États-Unis ou le patron de Google a un cercle d'influence plus large que vous et moi.

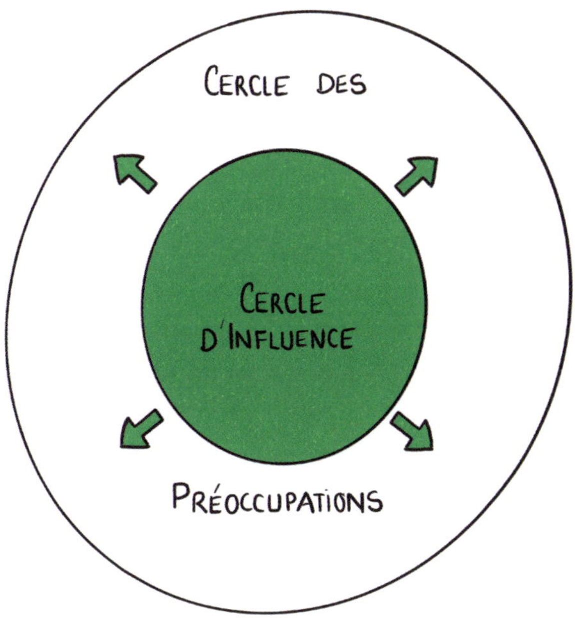

En concentrant votre temps et votre énergie sur votre cercle d'influence, vous entreprendrez des changements efficaces. Ainsi, ce cercle - et donc votre influence - aura tendance à s'élargir. À l'inverse, en dirigeant votre énergie vers le cercle des préoccupations hors de votre contrôle, vous leur octroyez trop d'attention et réduisez votre pouvoir d'influence puisque votre énergie est ailleurs. Bien comprendre votre cercle d'influence est un aspect crucial de votre leadership. Les personnes proactives verront leur cercle d'influence augmenter, alors que les personnes réactives verront leur cercle d'influence diminuer. Dans certains cas, l'inaction est le choix le plus judicieux : lâcher prise sur ce sur quoi je n'ai pas d'emprise et ainsi libérer énergie et créativité pour agir là où j'ai de l'impact. Le philosophe stoïcien Épictète (50-125 A.C.) faisait déjà référence à cet exercice de discernement[72] : distinguer ce qui dépend de nous de ce qui n'en dépend pas, pour orienter notre action là où elle a le plus d'impact. Pour Épictète, cette prise de recul peut transformer notre regard sur ce qui nous arrive en prenant conscience de notre liberté de réponse à tout événement.

En évitant toute victimisation et en faisant le choix de la responsabilité (capacité de réponse), vous devenez l'architecte de votre futur. En encouragent votre équipe à adopter cette attitude proactive, vous créez un pont entre une vision et sa réalisation. L'action n'est pas une fin en soi, c'est le moyen qui permet de progresser. Comme suggéré à travers les différents chapitres, cultiver avec conscience la relation à soi, aux autres, à l'environnement et à la question du sens est la voie de la résilience. À travers vos actions et vos décisions, vous renforcerez ainsi votre *Quotient résilience*.

---

72 F. BERNARD, *Manager avec les philosophes*, Dunod (2016).

L'importance des habitudes

Saviez-vous que plus de 40% de nos actions sont automatiques[73] ? Elles se réalisent à votre insu, pour le meilleur... ou pour le pire. Dans votre contexte professionnel aussi, les habitudes forgent le leader que vous êtes.

Les habitudes sont des comportements adoptés automatiquement car répétés fréquemment. Cette répétition crée une association mentale entre une situation (stimulus) et une action (comportement), ce qui fait que lorsque le stimulus se manifeste, le comportement est adopté automatiquement - c'est-à-dire sans même y penser. Une nouvelle habitude se construit donc autour de 3 composantes : un stimulus (les conditions qui favorisent l'installation d'une nouvelle habitude), une action (le comportement enclenché par le stimulus) et enfin la récompense (la conséquence de la nouvelle habitude). Cette récompense peut être le sentiment de vitalité après une bonne nuit de sommeil, la satisfaction d'une réunion constructive ou la sensation d'accomplissement qui accompagne la réussite d'un projet. Plus cette boucle stimulus-action-récompense est répétée, plus elle s'enracine dans votre cerveau pour enfin devenir une habitude.

Au sein d'une équipe, ce même schéma est de mise : créez l'environnement de travail qui favorise les comportements que vous souhaitez diffuser, partagez explicitement le « pourquoi » des habitudes que vous tendez à créer et assurez-vous que la « récompense » ait de la valeur pour chacun.

Prenons l'exemple de cette entreprise japonaise qui comprend l'importance de la micro-sieste afin de soutenir l'éner-

---

73 C. DUHIGG, *Le pouvoir des habitudes*, Flammarion (2016).

gie et la productivité de son équipe tout au long de la journée. Les collaborateurs sont «éduqués» pour comprendre les bienfaits de cette pratique qui est d'ailleurs culturellement plus acceptée en Asie qu'en Occident. Dans cette organisation, la luminosité diminue entre 13h et 13h30. Voilà le stimulus parfait pour entamer la micro-sieste. Les conditions sont ainsi créées pour installer cette nouvelle habitude. La récompense attendue est un niveau d'attention plus élevé durant l'après-midi et dès lors un travail plus constructif.

Autre exemple de création d'une nouvelle habitude collective : une cheffe d'équipe, convaincue de l'importance de la présence et l'écoute active, a proposé à son équipe de déposer les téléphones ou tablettes dans un panier à l'entrée de la salle de réunion. Malgré quelques réticences au démarrage, chacun a vite ressenti combien ces réunions « en pleine présence » étaient plus efficaces et agréables pour tous. Ou encore ce directeur général qui démarre systématiquement chaque réunion d'équipe par 3 minutes durant lesquelles il rappelle à tous la mission et les valeurs de l'entreprise, avant de se plonger dans les résultats financiers. Ces pratiques ne sont pas anodines ; vos attitudes et vos comportements influencent largement les attitudes et comportements qui dominent dans votre équipe. L'exemplarité du leader est au cœur de toute démarche visant à renforcer le *Quotient résilience* d'une équipe, tout comme l'exemplarité de l'équipe de direction est cruciale pour inspirer toute une organisation.

Mais combien de temps faut-il pour qu'une pratique devienne une habitude ?

Les recherches varient à ce sujet. Dans les années 60, le docteur Maxwell Maltz spécialisé en chirurgie plastique a constaté qu'un patient mettait en moyenne 21 jours pour s'habituer à une nouvelle image mentale ou à la disparition d'un membre amputé. Il en a fait un livre - *Psycho-Cybernetics* - devenu best-seller dans lequel il mentionne, sans réel fondement scientifique, qu'une habitude prend 21 jours pour s'installer. Des années plus tard, une étude[74] conduite au sein de l'Université de Londres (UCL) conclut qu'il faut en moyenne 66 jours pour qu'un nouveau comportement devienne automatique et donc une habitude.

Pourquoi sortir de sa zone de confort induit souvent un sentiment d'appréhension chez l'être humain ? Cette résistance est bien souvent liée à la peur de l'inconnu. Le cerveau humain est allergique à l'incertitude, qui est associée par réflexe et par défaut à la possibilité d'un danger. Notre cerveau étant plus sensible au négatif qu'au positif, nous tendons à percevoir les pertes éventuelles liées à un changement plutôt que ce que nous avons à y gagner. D'où la nécessité de comprendre, communiquer et anticiper les bienfaits (la récompense) liés à la mise en œuvre de nouveaux comportements.

Comme sagement rappelé par ce proverbe chinois, attribué à Lao Tseu (571-531 av. J.-C.), un itinéraire de mille lieues commence par un premier pas. Il faut y aller progressivement, pas à pas, étape par étape, pour tendre vers la réalisation de vos objectifs. Constance et régularité sont essentielles pour un changement durable. C'est bien pour cela que créer de nouvelles habitudes est si utile. Au Resilience Institute, nous insistons beaucoup sur les routines et les habitudes du quotidien. C'est vrai sur le plan personnel. Ça l'est aussi sur le plan professionnel.

---

74 P. LALLY, "How are habits formed: modelling habit formation in the real world", European Journal of Social Psychology, vol 40, pp. 998-1009 (2010).

J'ai observé et expérimenté combien le respect de cinq règles d'or augmente les chances de réussite pour insuffler avec succès de nouvelles pratiques.

1. **Une à la fois** : choisissez une nouvelle pratique, engagez-vous avec conviction pour en faire une nouvelle habitude et résistez à la tentation de vouloir changer trop de comportements à la fois. C'est ce qu'enseigne la méthode des petits pas - ou méthode japonaise *Kaizen* (*kai* signifie « changement », *zen* signifie « bon ») - incitant à de petites améliorations concrètes, simples et quotidiennes.

2. **Expliquer** : soyez clair sur les raisons qui vous poussent à former une nouvelle habitude. Si cela concerne votre équipe, clarifiez ce qui motive l'installation d'une nouvelle habitude. Cela paraît évident et pourtant c'est une étape qui est souvent négligée.

3. **Stimulus** : mettez en place un déclencheur / un environnement ou une situation qui favorisera le nouveau comportement.

4. **Régularité** : répétez le comportement avec discipline et confiance jusqu'à ce que cela devienne un automatisme.

5. **Récompense** : prenez conscience des conséquences bénéfiques d'une nouvelle habitude ou de nouveaux comportements ; partagez-les de façon explicite avec votre équipe.

RÉCOMPENSE
RÉGULARITÉ
STIMULUS
EXPLIQUER
UNE À LA FOIS

Actions concrètes pour renforcer son QR

Vous savez maintenant que les habitudes sont la clé pour monter en compétence. Que cela soit dans le domaine professionnel, la santé, le sport ou une passion. Faites votre choix dans ce menu construit autour des thématiques abordées dans les différents chapitres. Il va de soi que ce n'est pas une liste exhaustive mais un éventail de pratiques qui pourront compléter ce que vous faites déjà.

LA RELATION À SOI

Créer du calme et se régénérer

- Pratiquer un exercice de respiration au moins 1 fois par jour (compter jusqu'à 4 en inspirant et de 6 à 1 en expirant - 3 fois de suite)
- Faire une torsion dorsale plusieurs fois par jour
- Faire des micro-pauses régulières durant ma journée de travail
- Visualiser un endroit calme et inspirant pendant 1 minute avant une réunion importante
- Écouter de la musique relaxante
- Pratiquer la relaxation profonde avant d'aller dormir (p. ex. un « balayage corporel »)
- Planifier dans mon agenda du « TPM » (temps pour moi) dans la semaine
- Fermer les yeux et détendre mon visage
- Me reconnecter avec la nature
- Relativiser en me projetant dans le futur

Cultiver la vitalité physique

- Faire 10 minutes d'étirements chaque matin
- Marcher 30 minutes par jour, 5 fois par semaine
- Me lever toutes 20 minutes
- Tenir des réunions debout ou en marchant
- Ajuster ma posture (dos droit, épaules descendues, cœur ouvert) assis ou debout
- Manger avec conscience / plus lentement
- Prévoir des encas sains pour les fringales durant la journée
- Faire une turbo-sieste de 20 minutes, 3 fois par semaine
- Éviter les écrans une heure avant d'aller dormir
- Me réveiller à la même heure chaque jour - y compris le week-end

Engager ses émotions

- Noter le soir les émotions ressenties durant la journée et ainsi enrichir mon vocabulaire émotionnel
- Cultiver la gratitude en pensant à ce qui s'est bien passé durant la journée (« www » - what went well)
- Reconnaître ce dont je peux être fier
- Admirer la nature
- Anticiper un bon moment
- Se rappeler un bon souvenir
- Créer une victoire facile
- Récompenser la réalisation d'un objectif
- Apprécier une touche de légèreté

- Répondre plutôt que de réagir / éviter les réactions impulsives

Entraîner le mental

- Clarifier les priorités de la semaine / de la journée
- Identifier une intention chaque matin sur la façon dont je souhaite vivre la journée
- Pratiquer le mono-tâche
- Supprimer les distractions pour favoriser ma concentration
- Travailler « hors ligne » durant 30 minutes le matin / 30 minutes le soir
- Être plus sélectif et conscient de l'information que je consomme / que je produis. Éviter l'infobésité !
- Apprendre quelque chose de nouveau
- Focaliser mon énergie sur ma zone d'influence
- Dire NON en conscientisant ce à quoi je dis OUI
- Ranger mon espace de travail

Mettre son esprit en mouvement

- Prévoir 5 minutes de réflexion personnelle chaque jour
- Faire l'expérience de la pleine conscience autour d'une tasse de thé/café
- Pratiquer un exercice de contemplation (centrage, calme intérieur, prière, méditation ou autre), 10 minutes par jour
- Sortir le nez du guidon / prendre de la hauteur et observer une situation avec une perspective plus large
- Apprécier le moment présent
- Se mettre en joie (et s'en réjouir)

- Prévoir une activité par semaine qui soit une expérience optimale
- Lire un texte inspirant
- Planifier une retraite ou un stage de développement personnel
- Entretenir la qualité de mes relations

LA RELATION AUX AUTRES

Impact et authenticité

- Prendre des risques et oser être « vrai »
- Respecter et faire connaître mes propres limites et celles de mes collaborateurs
- Montrer mes émotions de façon juste et appropriée
- Admettre mes erreurs en insistant sur ce que j'en apprends
- Présenter mes excuses quand c'est justifié
- Demander de l'aide quand j'en ressens le besoin

Une équipe, un espace sûr

- Partager l'information de façon transparente
- Créer une culture du feedback au sein de l'équipe
- Grandir collectivement à travers les enseignements des erreurs de chacun
- Donner la parole à tous durant les réunions d'équipe
- Accueillir et valoriser les opinions différentes

Contrôle de l'attention et focus

- Avoir une posture alerte qui favorise mon attention
- Comprendre les composantes de la présence
- Décider d'être entièrement présent durant les réunions d'équipe
- Encourager chacun à éloigner téléphone ou tablette en réunion
- Faire des réunions plus courtes (45 ou 50 minutes) pour maintenir l'attention de tous

Créer de la proximité à distance

- Créer des forums de discussions formelles et informelles au sein de l'équipe
- Impliquer l'équipe pour identifier le rythme de communication souhaité
- Apprendre à connaître mes collègues ou collaborateurs en tant que personnes à part entière (et pas juste pour leur rôle professionnel)
- Identifier les affinités, ce que j'ai en commun avec d'autres
- Prévoir du temps pour des conversations de qualité avec chacun

Empathie et compassion au travail

- Pratiquer l'écoute active (écouter avec les oreilles, les yeux, le cœur et l'attention totale) et montrer mon engagement (en opinant de la tête ou invitant à poursuivre)
- Lire les signaux non verbaux

- Reconnaître et comprendre les perspectives de l'autre ; résumer ce que j'ai entendu pour clarifier les accords mais aussi les désaccords possibles.
- Veiller aux autres avec gentillesse
- Agir avec courage et compassion en ayant l'intention réelle de comprendre, aider ou soulager

La posture du leader-coach

- Comprendre les styles de leadership et renforcer celui/ceux qui me sont moins familiers
- Écouter davantage (donc, parler moins) avec l'intention d'apprendre et de comprendre
- Poser des questions ouvertes pour favoriser l'expression
- Poser des questions fermées pour favoriser la clarification
- Poser des questions puissantes pour libérer la créativité
- Générer enthousiasme et confiance

Générer des émotions positives au sein de l'équipe

- Célébrer les petites victoires ou les étapes vers la réalisation d'un objectif collectif
- Remercier l'équipe plus souvent pour les contributions de chacun
- Créer les conditions pour vivre une expérience optimale en équipe
- Projeter l'équipe vers un avenir positif

Communiquer avec optimisme réaliste

- Reconnaître avec humilité les inconnues et les zones d'incertitude tout en gardant un ton confiant et assertif
- Avoir une posture ancrée et ouverte qui dégage un sentiment de confiance (debout, dos droit, épaules descendues, cœur ouvert)
- Exprimer son optimisme quant à la façon de relever les défis en équipe
- Valoriser les compétences autour de la table
- Rappeler que les épreuves font grandir

LA RELATION À L'ENVIRONNEMENT

Apprécier la beauté de la nature

- Se promener régulièrement en pleine nature
- S'émerveiller devant un beau paysage
- Ressentir l'effet de surplomb *(« the overview effect »)* en observant la Terre avec une perspective mentale plus large
- (Apprendre à) Cultiver un potager
- Intégrer des plantes vertes dans mon environnement de travail

S'informer et informer

- Lire les rapports scientifiques d'experts (comme le rapport du GIEC) pour développer mes connaissances sur les enjeux environnementaux
- Développer mon sens critique en consultant des sources variées sur le sujet du réchauffement climatique

- Participer à des conversations engagées sur le sujet
- Aborder la thématique au sein de mon équipe
- Lire le *« European Green Deal »* (« Pacte vert pour l'Europe »)

Être un leader responsable

- Mesurer et comprendre le bilan carbone de mon équipe / mon entreprise
- Guider mon équipe vers la neutralité carbone en prenant des mesures concrètes / choisir en équipe les « écogestes » que l'on décide d'adopter
- Intégrer les dimensions RSE (Responsabilité sociale des entreprises) dans la prise de décisions et la conduite des affaires en général
- Rejoindre une association (telle que *Regenerative Alliance*) qui soutient les leaders responsables dans la transition énergétique
- Communiquer en interne et vers l'extérieur au sujet des engagements climatiques de mon équipe / mon entreprise

LA QUESTION DU SENS

Démarche personnelle

- Accueillir et stimuler le questionnement
- Créer du temps pour réfléchir à ce qui dépasse l'opérationnel et touche des dimensions plus profondes
- Lire des ouvrages inspirants pour accompagner ma démarche

- Envisager une démarche de « coaching personnel »
- Appréhender l'adversité en tirant des enseignements de toute situation
- Identifier mon *ikigai* personnel (voir p. 139)
- Faire des choix cohérents avec ma raison d'être
- Agir avec intégrité et en ligne avec mes valeurs personnelles
- Conscientiser l'impact que je souhaite avoir aujourd'hui
- Me projeter dans 40 ans et réfléchir à mon legs en tant que leader

Démarche collective

- Créer du temps pour réfléchir en équipe à la raison d'être et l'impact de notre activité
- Communiquer notre raison d'être auprès de toutes les parties prenantes
- Identifier collectivement les valeurs que nous voulons honorer et les traduire en valeurs-actions
- Démarrer chaque réunion d'équipe en rappelant la raison d'être et les valeurs-actions qui nous guident
- Intégrer les valeurs-actions dans la grille d'évaluation des collaborateurs
- Définir et mettre en œuvre des mesureurs de succès au-delà de critères financiers
- Intégrer les ODD (Objectifs de développement durable) dans l'évaluation de la contribution sociétale de notre activité

- Mettre la raison d'être au cœur de la prise de décisions
- Inclure la raison d'être dans les statuts de mon organisation
- Envisager la certification *B Corp* de mon organisation
- Considérer un engagement collectif officiel avec d'autres entreprises

CONCLUSION

« Aucun problème ne peut être résolu sans changer le niveau de conscience qui l'a engendré. »

Albert Einstein

Aussi douloureuses soient-elles, les crises peuvent être des accélérateurs d'une prise de conscience et la source d'opportunités. L'expression chinoise pour traduire le mot « crise » *(Wei-ji)* nous le rappelle bien. Composée de deux caractères (危机), l'un signifiant « danger » et l'autre « opportunité », elle suggère qu'il y a toujours une opportunité dans chaque crise.

La pandémie Covid-19 a mis en exergue l'interdépendance entre les pays et entre les secteurs politiques, économiques et sociaux. Sans nier les souffrances engendrées, ce bouleversement mondial a aussi été le révélateur du potentiel de mobilisation et d'impact, un accélérateur de la transition. C'est de ce point de vue une chance historique nous invitant à repenser nos priorités, notre mode de vie et notre façon de travailler. Les attentes vis-à-vis des leaders s'en trouvent profondément modifiées. Objectiver les externalités positives et négatives générées par l'entreprise pour l'ensemble de ses parties prenantes devient urgent. Les organisations doivent repenser en profondeur leur rôle et leur mission au sein de la société. Agissant dans un système complexe dont les parties sont interdépendantes, l'entreprise peut devenir un levier de transformation pour faire émerger un nouveau modèle d'affaires plus juste et basé sur le bien commun.

Dans un contexte global d'incertitude et de perte de repères, les leaders ont un choix à faire. Croire que ce qui a fonctionné dans le passé sera la solution aux défis actuels, ou alors saisir l'opportunité d'une transformation nécessaire. Les enjeux sont immenses, mais la feuille de route est claire : humaniser l'entreprise, mobiliser les équipes en choisissant la voie de la résilience, et ensemble créer un futur positif pour toutes les parties prenantes.

L'impact du leader résilient sera proportionnel à la force du lien qu'il parvient à créer avec lui-même, avec les autres et avec l'environnement au sens large.

J'ai souhaité souligner dans cet ouvrage combien le changement sera inspiré par celles et ceux qui cultivent ces liens avec humanité et humilité, tout en utilisant le sens comme boussole intérieure. Être un leader résilient, ce n'est pas un titre mais c'est surtout un état d'esprit, un état d'être, une posture.

C'est avant tout un chemin de transformation personnelle, guidée par l'introspection, la réflexion et la pratique. Le leader résilient comprend que prendre soin de soi est une condition nécessaire pour prendre soin des autres. En démarche permanente, il sait que bien se connaître permet d'avoir plus d'impact. Il mobilise l'ensemble de ses ressources intérieures pour rebondir face aux difficultés et grandir à travers les épreuves. Il met en place une routine efficace pour assumer la pression du quotidien et gérer son énergie. Il est authentique et guidé par des intentions positives.

Être un leader résilient, c'est aussi avoir le courage de développer un leadership pleinement humain, en valorisant dans une équipe les compétences de résilience et en les intégrant dans des plans de formation. Le leader résilient tisse des liens de confiance et veille à maintenir une culture managériale constructive en toutes circonstances. Il génère des émotions positives et rayonne de cette joie qui dépend moins des conditions extérieures que de sa force intérieure.

C'est enfin inclure dans l'équation l'ensemble des parties prenantes et prendre sa part dans la construction d'un monde économique plus inclusif, plus responsable, plus régénératif.

Seuls, nous ne pouvons rien ou si peu.

Trop nombreux sont ceux qui attendent que les autres agissent en premier ou que les réglementations imposent les changements nécessaires. La force du leader, c'est l'audace d'entreprendre et de fédérer autour d'une vision inspirante tout en générant espoir, courage, confiance et enthousiasme.

Collectivement, en cultivant notre *Quotient résilience* (et celui de nos équipes), nous devenons alors, dans nos zones d'influence respectives, des acteurs conscients et en démarche pour créer un futur positif.

POSTFACE
par Thomas Buberl Directeur général du Groupe AXA

La pandémie de Covid-19 et les bouleversements qui en découlent ont mis notre résilience individuelle et collective à l'épreuve comme rarement dans l'histoire récente. Cette matérialisation brutale et soudaine du risque sanitaire est en réalité symptomatique d'un nouvel âge de l'incertitude auquel nous devons nous habituer. Par conséquent, dans cette époque où les transformations sont de plus en plus récurrentes, rapides et profondes, s'adapter et rebondir sont autant de qualités indispensables. Faire preuve de résilience est devenu une nécessité pour chacun de nous sur le plan personnel comme sur le plan professionnel.

Si l'on ne peut que s'accorder sur les bienfaits de la résilience, elle demeure cependant trop souvent mystérieuse ou inaccessible. Concept aussi nécessaire pour faire face aux épreuves que désirable par sa promesse d'amélioration, la résilience se cultive plus qu'elle ne se décrète, s'exerce plus qu'elle ne se formalise. Avec talent, Alexia Michiels en livre les clefs de compréhension, et dévoile minutieusement les secrets d'une vie plus résiliente.

En explorant les dimensions du rapport à soi, du rapport aux autres et du rapport à la nature qui renforcent notre

« quotient résilience », Alexia Michiels nous invite à prendre conscience de nos faiblesses pour mieux les maîtriser, en même temps qu'à entretenir nos forces pour davantage en tirer parti. Elle compose avec talent une analyse fine des dimensions qui composent la « résilience » et les traduit en préceptes et recommandations concrets.

Pour les professionnels, et particulièrement pour les managers et les dirigeants d'entreprise dont je fais partie, la lecture de ce livre fournit une foule de grilles de compréhension, d'exercices et, pourrait-on dire, de recettes dont l'application porte ses fruits à court terme comme à long terme et permettent le développement de soi et des autres. J'ai pleinement mesuré l'importance de la résilience dans la période difficile que nous avons traversée, au cours de laquelle mon souci quotidien a été de préserver mes équipes, pleinement conscient du défi que représenterait la reprise.

Sur le plan personnel, ensuite, je ne doute pas qu'au terme de cet ouvrage, chacun aura pu trouver les constats, conseils ou concepts applicables au quotidien comme autant de façons d'entretenir et de renforcer sa résilience et d'aller vers plus de sens.

En tant qu'assureur, enfin, je tiens à souligner la pertinence de cet ouvrage dont le thème central est si affinitaire avec le métier que j'exerce. En effet, si l'assurance contribue à la résilience matérielle des individus et des collectivités, l'approche intime de la résilience dont il est question dans ce livre en est particulièrement complémentaire.

En somme, Alexia Michiels signe ici un ouvrage dont la contribution conceptuelle est féconde, et l'apport pratique précieux.

FONDATION JAN & OSCAR

Les droits d'auteur sont entièrement reversés au profit de la Fondation Jan & Oscar www.fondationjan-oscar.ch

Le 26 décembre 2004, un tsunami en Asie provoque la mort de milliers de personnes dont deux jeunes Suisses : Jan, âgé de 12 ans et Oscar, son petit frère âgé de 8 ans. Ce drame suscite un élan de solidarité qui mène à la création de la Fondation Jan & Oscar en juin 2005.

Maman de quatre enfants, dont Jan et Oscar, Laurence Pian est la fondatrice et présidente de la Fondation. Donnant un sens au drame qui a touché sa famille, Laurence consacre son énergie, son courage et sa détermination à des projets visant à scolariser les enfants défavorisés dans les campagnes thaïlandaises. En seize ans, plus de 50 réalisations dont la construction d'écoles, l'octroi de bourses d'étude, des programmes éducatifs de sensibilisation aux problèmes environnementaux ou l'installation d'eau potable dans les villages retirés ont vu le jour ; elles changent radicalement la vie des enfants concernés - des enfants qu'une pauvreté extrême a marginalisés.

Laurence est une femme rayonnante et un exemple formidable de résilience qui m'inspire beaucoup. Je suis aussi profondément convaincue que l'éducation est le chemin du progrès ; c'est pour ces enfants comme pour les nôtres la seule voie possible pour un avenir meilleur.

« L'éducation est l'arme la plus puissante qu'on puisse utiliser pour changer le monde. »

Nelson Mandela

REMERCIEMENTS

La transition vers un mode de leadership résilient est un chemin de transformation. Lorsque j'ai démarré l'écriture de ce livre, je ne soupçonnais pas combien mes recherches allaient faire progresser mon ambition d'incarner - humblement et avec encore beaucoup de lacunes - ces compétences de résilience.

Je remercie infiniment la maison d'édition Favre pour sa confiance renouvelée, en particulier Sophie Rossier et Aline Lehmann. Votre bienveillance et vos suggestions pertinentes, tout au long du processus d'écriture, ont été un encouragement précieux. Merci à Sophie Conchon pour son talent d'illustratrice et son enthousiasme contagieux.

Je remercie tout particulièrement Ilham Kadri et Thomas Buberl, leaders résilients comme on aimerait en voir davantage, d'avoir accepté d'écrire respectivement la préface et la postface de ce livre. Merci aussi aux femmes et aux hommes leaders que j'ai eu la chance de rencontrer à travers les différentes étapes de ma carrière. Je continue d'apprendre tous les jours en observant celles et ceux qui guident des équipes, et en tentant de tirer les enseignements de leurs expériences.

Ma profonde gratitude va au Dr Sven Hansen, fondateur du Resilience Institute, qui a pressenti - il y a déjà plus de vingt ans - combien la résilience allait devenir un ensemble de compétences critiques à cultiver dans le monde professionnel. Un immense merci à mes collègues et associés au Resilience Institute ; votre engagement, votre courage et votre intégrité sont des exemples qui m'inspirent chaque jour.

Merci de tout cœur à mes parents, Baudouin et Françoise Michiels, ainsi qu'à mes quatre sœurs, qui à travers leur affection inconditionnelle me soutiennent dans tous mes projets. Je ne peux conclure la liste de remerciements sans mentionner celui que j'aime depuis plus de trente ans, Benoit Greindl. Sa vision d'un meilleur futur colore chaque page de ce livre. Mon souhait le plus cher est que nos quatre enfants puissent vivre et s'épanouir dans un monde plus durable, plus juste, plus inclusif.

BIBLIOGRAPHIE

- Antonio R. Damasio, *Spinoza avait raison*, Odile Jacob, 2003
- Bill George, *Authentic Leadership*, Jossey-Bass, 2004
- Boris Cyrulnik, Philippe Bouhours, *Sport et résilience*, Odile Jacob, 2019
- Boris Cyrulnik, *Des saisons et des âmes*, Odile Jacob, 2021
- Brad Hook, *Resilience Mastery: 11 keys to upgrade human performance*, The Resilience Institute, 2019
- Brené Brown, *Le pouvoir de la vulnérabilité*, Trédaniel, 2014
- Brené Brown, *Dare to lead*, Penguin Random House, 2018
- Carol Dweck, *Changer d'état d'esprit*, Mardaga, 2016
- Christophe Haag, *La contagion émotionnelle*, Albin Michel, 2019
- Daniel Goleman, *Emotional intelligence: EQ 2.0*, TH Press, 2019
- Daniel Goleman, Richard Boyatzis, Anne Mc Kee, *L'intelligence émotionnelle au travail*, Pearson, 2010
- Delphine Batho, *Écologie intégrale*, éd. du Rocher, 2019
- Drs Raphael Heinzer, Jose Haba-Rubio, *Je rêve de dormir*, Favre, 2016
- Edgar Morin, *La méthode IV. Les idées : leur habitat, leur vie, leurs mœurs, leur organisation*, Seuil, 1991
- Gretchen Reynolds, *The first 20 minutes*, Avery, 2013
- Hector Garcia, Frances Miralles, *La méthode ikigai*, Solar, 2018
- Howard Gardner, *Les formes d'intelligence*, Odile Jacob, 2006
- Joël de Rosnay, *Je cherche à comprendre : les codes cachés de la nature*, Les liens qui libèrent, 2016
- Joël de Rosnay, *La symphonie du vivant : comment l'épigénétique va changer votre vie*, Les liens qui libèrent, 2018
- Johann Hari, *Lost connections*, Bloomsbury, 2018
- Martin Seligman, *La force de l'optimisme*, Interéditions, 2008
- Martin Seligman, *S'épanouir*, Belfond, 2013

- Matthieu Ricard, Alexandre Jollien, Christophe André, *Trois amis en quête de sagesse*, L'iconoclaste / Allary, 2016
- Matthieu Ricard, *Plaidoyer pour l'altruisme*, Nil, 2013
- Matthew Walker, *Pourquoi nous dormons*, La Découverte, 2018
- Mihaly Csikszentmihalyi, *Vivre : la psychologie du bonheur*, Robert Laffont, 2006
- Mihaly Csikszentmihalyi, *Good Business: leadership, flow and the making of meaning*, Penguin Books, 2004
- Nicole Huybens, *La forêt boréale, l'éco-conseil et la pensée complexe*, Éditions universitaires européennes, 2010
- Olivier Bourquin, *La performance sur mesure*, Favre, 2014
- Peter Brabeck-Letmathe, *Ascensions*, Favre, 2020
- Philippe Descola, *Par-delà nature et culture*, Gallimard, 2005
- Richard Davidson, *Les profils émotionnels*, Les Arènes, 2018
- Viktor E. Frankl, *Découvrir un sens à sa vie avec la logothérapie*, Les éditions de l'Homme, 2012
- Simon Sinek, *Commencer par pourquoi, Comment les grands leaders nous inspirent à passer à l'action*, Performance Éd., 2015
- Stuart Taylor, Assertive *Humility: emerging from the ego trap*, Monterey Press, 2013
- Sven Hansen, *Inside Out: the practice of resilience*, The Resilience Institute, 2015
- Tania Singer, Matthieu Ricard, Kate Karius, *Pouvoir et altruisme*, Allary, 2018
- Yves Citton, *L'économie de l'attention*, La Découverte, 2014

Sites internet - sources d'inspiration

Betterbusinessact.org

Bcorporation.net

Businessroundtable.org

Circular-economy-switzerland.ch

Climateactiontracker.org

Ec.europa.eu/info/strategy/priorities-2019-2024/european-green-deal_fr

Ellenmacarthurfoundation.org

Ipcc.ch

Paulekman.com

Regenerative-Alliance.org

Resilience-institute-europe.com

Solarimpulse.com

Unfccc.int/climate-action/race-to-zero-campaign

Unfoundation.org

TABLE DES MATIÈRES

De la même auteure, aux Éditions Favre

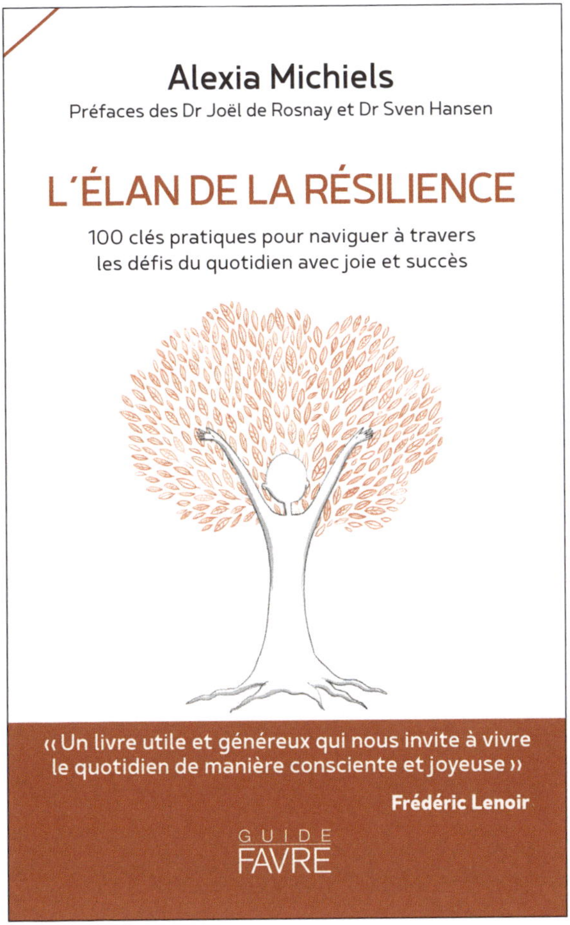